莊子淺說

陳啓天著

臺灣中華書局印行

自序

吾人研讀莊子，約有三難：一爲文字之古奧難讀，二爲寓言之奇異難解，三爲哲理之玄妙難悟。欲除此三難，自須先從校釋入手。此歷代校釋莊子之書之所以層出不窮也。

茲僅就歷代最要之集注言之，則首爲唐陸德明之莊子釋文，多收自晉至唐之古注，而郭象注全收焉。次爲明焦竑之莊子翼，多收宋明各家注。再次爲清末郭慶藩之莊子集釋，多收清代各家考證，而郭注、成疏及釋文，亦皆全收焉。最近則爲錢穆之莊子纂箋，乃以馬其昶之莊子故爲藍本，復廣集諸家而成簡明之集注。錢書雖尚有疑義待考，然較之他種集注，便於初學多矣。

近年予讀莊子校釋書多種，深感初學之不易。乃酌採古今諸家之說，間參以己見，而爲淺近之解釋。務求不失原文原義，力避繁瑣之考證，以便初學閱讀。以故引用之書，有註明者，亦有未註明者。非敢掠美，圖省文耳。刻已草成莊子內篇淺說七篇，先行付印，以就正於學人。其他各篇，則俟脫稿後再行付印焉。本書曾經黃欣周先生校正，特此誌謝。中華民國六十年一月，黃陂陳啟天自序於台北市寄園。

莊子淺說目次

陳啓天著

莊子淺說

一、逍遙遊

按逍遙遊篇，爲一種精神自由論。逍遙遊者，逍遙之遊也。逍遙，謂自由自在。遊，謂精神活動。精神活動欲求自由自在，須先以達觀之大智，解除小智之拘束。小智之拘束維何？謂從個己觀察一切，而純爲己見及功名之見所拘束也。達觀之大智維何？謂從大道觀察一切，而不爲己見及功名之見所拘束也。「小智不及大智」，故本篇以「無己、無功、與無名」，爲精神自由之理想境界，此其大旨也。

莊子多寓言。首篇開宗明義，即十九爲寓言。寓言，乃以故事提示寓意。故讀莊子貴能會通而體悟之。

北冥有魚，其名爲鯤。鯤之大，不知其幾千里也。化而爲鳥，其名爲鵬。鵬之背，不知其幾千里也。怒而飛，其翼若垂天之雲。是鳥也，海運則將徙於南冥。南冥者，天池也。㈠齊諧者，志怪者也。諧之言曰：鵬之徙於南冥也，水擊三千里，搏扶搖而上者九萬里，去以六月息者也。野馬也，塵埃也，生物之以息相吹也。天之蒼蒼，其正色邪？其遠而無所至極邪？其視下也，亦若是則已矣。㈡

且夫水之積也不厚，則負大舟也無力。覆杯水於坳堂之上，則芥爲之舟。置杯焉則膠，水淺而舟大也。風之積也不厚，則其負大翼也無力。故九萬里，則風斯在下矣，而後乃今培風。背負青天而莫之夭閼者，而後乃今將圖南。㈢蜩與學鳩笑之曰：我決起而飛，搶榆枋而止。時則不至，而控於地而已矣。奚以之九萬里而南爲！㈣適莽蒼者，三飡而反，腹猶果然。適百里者，宿舂糧。適千里者，三月聚糧。之二蟲又何知！㈤

校釋

㈠北冥，北海也。冥，亦作溟。化，猶言變也。鯤，釋文崔云：「當作鯨」。鵬，釋文崔云：「卽古鳳字」。鯤魚變爲鵬鳥，乃寓言之說。怒而飛，謂奮起而飛也。其翼若垂天之雲，謂鵬翼之大，如雲之懸垂於天也。是鳥，猶言此鳥，指鵬而言。海運，謂海風動也。南冥，南海也。天池，天然之大池也。

㈡齊諧，書名，一云人名。志怪，謂記怪異也。擊，同激。搏字，藝文印書館影印之宋本作摶，茲從明世德堂本。（卽四部叢刊影印本）。搏，音博，拊也，猶言乘也。搏扶遙而上，謂乘暴風自下而上也。息，謂風。六月之風最大，故六月息可釋爲大風。野馬，謂空中遊氣。塵埃，謂空中遊塵。生物，謂空中活動之物。此句，猶謂空中之遊氣，遊塵，以及活動之物，皆由風相吹而動也。其遠之其字，猶抑也。吾人由下視天，則見天之蒼蒼爲其正色乎？抑遠而無所至極乎？其視之其字，指鵬而言。若是之是字，指上句而言。則已之則字，猶而也。其視下也，亦若是則已矣，猶謂鵬由空中視下，亦如吾人由下視天之無極而已矣。

(三)坳，音凹，窊下也。坳堂，謂堂之窊下處也。芥，小草也。焉，猶言於此也，此指坳堂而言。膠，黏也。置杯焉則膠，謂置杯於坳堂之上，則膠黏而不能動也。斯，猶乃也。則風斯在下矣，猶謂則風乃在下矣。培，與凴通，培風，猶言乘風。閼，同遏。夭閼，謂折阻也。

(四)蜩，音迢，蟬也。學鳩，小鳩也。決起，急起也。搶字，世德堂本作槍，茲從藝文影印宋本。搶，集也。榆枋，二木名。而止二字，原缺，茲依陳景元莊子闕誤補。止，棲止也。時則，猶言時或也。而控，猶言則投也。奚，何也。之，此也，指鵬之高飛九萬里而言。蔣錫昌云：奚以之九萬里而南爲，言用是九萬里而南爲何也。按此句蓋謂蜩與學鳩無須高飛九萬里也。

(五)莽蒼，謂有蒼色草莽之近郊。湌，同餐。反，同返。往返近郊，只須預備一日三餐之糧，故曰三餐而返。果然，飽然也。宿舂糧，謂舂一宿之糧。往返百里，當日不能歸，故須預備在外一宿之糧也。三月聚糧，謂往返千里者，須預備三月之糧也。郭注云：「所適彌遠，則聚糧彌多。故其翼彌大，則積氣彌厚也。」之，此也。二蟲，俞樾云：「二蟲，卽承上文蜩鳩之笑而言，謂蜩鳩至小，不足以知鵬之大也。」

小智不及大智，小年不及大年。㈠奚以知其然也？朝菌不知晦朔，蟪蛄不知春秋。此小年也。楚之南，有冥靈者，以五百歲爲春，五百歲爲秋。上古有大椿者，以八千歲爲春，八千歲爲秋。此大年也。而彭祖乃今以久特聞，衆人匹之，不亦悲乎！㈡湯之問棘也，是已。㈢窮髮之北，有冥海者，天池也。有魚焉，其廣數千里，未有知其修者，其名爲鯤。有鳥焉，其名爲鵬，背若泰山，翼若垂天之雲，摶扶搖羊角而上者九萬里。絕雲氣，負青天，然後圖南，且適南冥也。斥鴳笑之曰：「彼且奚適也！我騰躍而上，不過數仞而下，翺翔蓬蒿之間，此亦飛之至也。而彼且奚適也！」此小大之辯也。㈣

校　釋

㈠兩智字，各舊本均作知，玆依釋文音讀改，以便讀。釋文云：「知，音智，本亦作智，下大知同。」小智不及大智，所以總結上文，謂蜩鳩之智小，不及鵬之智大也。年，猶言壽也。小年不及大年，猶謂小壽不及大壽也。此句，乃以引出下文之解釋。

㈡朝菌，謂朝生暮死之菌。晦朔，謂夜與旦。蟪蛄，謂春生夏死，夏生秋死之蟬。朝菌之壽命不過一朝，蟪蛄之壽命不過一季，故曰此小年也。冥靈，大椿，均爲古樹名。此大年也四字，各舊本缺，茲依陳景元莊子闕誤補。古樹如冥靈大椿，生長千萬年，故曰此大年也。彭祖，爲古代長壽老人，傳說享年八百歲。故衆人言壽，皆以彭祖相比。匹，比也。然彭祖比之千萬年之古樹，則相去甚遠，故曰不亦悲乎！

㈢湯，商湯。棘，湯時賢人，列子作夏革。列子湯問篇所記湯與夏革之問答，亦涉及大小之辯，故此曰湯之問棘也是已。

㈣窮髮之北，謂不毛之地以北，即北極。修，長也。摶字，藝文影印宋本作搏，茲從世德堂本。羊角，旋風也。絕，斷也。斥鴳，小澤之鴳。辯，通辨，分也，別也。本節重申小大之不同，故結之曰此小大之辨也。

故夫智效一官，行比一鄉，德合一君而徵一國者，其自視也，亦若此矣。㈠而宋榮子猶然笑之。且舉世而譽之而不加勸，舉世而非之而不加沮。定乎內外之分，辯乎榮辱之境，斯已矣。彼其於世，未數數然也。雖然，猶有未樹也。㈡夫列子御風而行，泠然善也，旬有五日而後反。彼於致福者，未數數然也。此雖免乎

行，猶有所待者也。㈢若夫乘天地之正，而御六氣之辯，以遊無窮者，彼且惡乎待哉！故曰至人無己，神人無功，聖人無名。㈣

校釋

㈠智字，各舊本作知。釋文云：「知，音智」。茲爲便讀，改爲智。智效一官，謂智明於一官之事也。行比一鄉，謂行順於一鄉之情也。德合一君而徵一國，謂德合於一君之意，又見信於一國之人也。其自視也，亦若此矣，謂此等人之自視，亦猶斥鴳以能翱翔蓬蒿之間而自得也。

㈡宋榮子，卽天下篇之宋鈃。猶然，舊注多釋爲笑貌，然爲何種笑貌則未明言。疑猶，與搖通。禮檀弓，咏斯猶，猶斯舞，註：「猶當爲搖，謂身動搖也。秦人猶搖聲相近」。猶然笑之，蓋謂搖頭笑之。沮，音阻，阻止也。定乎內外之分，謂宋榮子外以禁攻寢兵之說救世，內以情欲寡淺之說克己。辯，與辨通，別也。境字，藝文影印宋本及世德堂本作竟，二字古通。茲從趙刻南宋重開北宋本，以便讀。辯乎榮辱之境，謂宋榮子不以世俗所謂榮辱爲榮辱，而別倡「見侮不辱」之說。數，音朔。數數，猶言多也。然，如此也。彼其於世，未數數然也，猶謂宋榮子之在世間，尚不多見也。樹，立也。猶有未樹，謂宋榮子尚有所不能立也。

㈢列子，卽列禦寇，道家，戰國鄭人。御風，猶言乘風。泠音零。泠然，輕妙之貌。反，同返。致福，謂古代以分食祭肉可得福也。彼於致福者，未數數然也，謂列子在分食祭肉以求福者之中，尚不多見也。猶有所待，謂列子待風而行，尚不能自由自在也。

㈣乘天地之正，謂體合自然之大道。六氣，謂氣象有陰陽風雨晦明六種。辯，讀爲變，謂變化。御六氣之辯，謂因應氣象之變化。體合大道，因應變化，則精神無不自由自在而無所待矣。有所待，卽有所拘束。人生之最大拘束，爲有己見與功名之見。如不解除己見與功名之見，則精神不得安寧，何從自由自在？故莊子以無己、無功與無名，爲精神自由之理想境界。此之謂至人無己，神人無功，聖人無名。至人、神人與聖人同義。

本節先言智效一官，德合一君之人，皆有功名之見，不及宋榮子見侮不辱而無名之大。次言宋榮子猶有未樹，不及列子貴虛而無己之大。再次言列子猶有所待，不及聖人體合大道，因應變化，而無己、無功、無名之大。

堯讓天下於許由曰：「日月出矣，而爝火不息，其於光也，不亦難乎！時雨降矣，而猶浸灌，其於澤也，不亦勞乎！夫子立而天下治，而我猶尸之，吾自視缺然，請致天下。」㈠許由曰：「子治天下，天下既已治也。而我猶代子，吾將爲名乎？名者，實之賓也，吾將爲實乎？鷦鷯，巢於深林，不過一枝。偃鼠飲河，不過滿腹。歸休乎，君！予無所用天下爲。庖人雖不治庖，尸祝不越樽俎而代之矣。」㈡

校釋

㈠堯、唐帝。許由，古隱士。爝火，人所燃之火炬也。不息，不止也。時雨，應時之雨。浸灌，以水灌潤也。夫子立而天下治，謂許由立爲王，則天下治也。尸之，猶言居之，之、指王位而言。缺然，猶言歉然。請致天下，謂請讓天下於許由也。

㈡爲實之實字，各舊本作賓，茲依俞樾考證，改爲實。名爲實之賓，則實爲名之主。故爲名者，亦爲實也。鷦鷯，音焦遼。鳥名。偃鼠，即地鼠。予無所用天下爲，猶言予無須天下爲也。庖人，掌庖之人。尸祝，爲對神主掌祝之人。樽，酒器。俎，肉器。樽俎，乃庖人所掌之事，尸祝不得管之。尸祝不越樽俎而代之，猶言尸祝不越職代庖也。

按本節，乃以堯讓天下於許由之故事，說明聖人無名。

肩吾問於連叔曰：「吾聞言於接輿，大而無當，往而不反。吾驚怖其言，猶河漢而無極也。大有逕庭，不近人情焉。」㈠連叔曰：「其言謂何哉？」曰：「

藐姑射之山，有神人居焉。肌膚若冰雪，淖約若處子。不食五穀，吸風飲露。乘雲氣，御飛龍，而遊乎四海之外。其神凝，使物不疵癘而年穀熟。吾以是狂而不信也。」㈡連叔曰：「然。瞽者無以與乎文章之觀，聾者無以與乎鐘鼓之聲。豈唯形骸有聾盲哉？夫智亦有之。是其言也！猶時汝也。之人也，之德也，將旁礴萬物以爲一。世蘄乎亂，孰弊弊焉以天下爲事？之人也，物莫之傷。大浸稽天而不溺，大旱金石流，土山焦而不熱。是其塵垢粃糠，將猶陶鑄堯舜者也，孰肯以物爲事？」㈢宋人資章甫而適諸越，越人斷髮文身無所用之。堯治天下之民，平海內之政，往見四子藐姑射之山，汾水之陽，窅然喪其天下焉。㈣

校釋

㈠當，讀去聲，匡當也。大而無當，猶言大而無極也。往而不反，猶言往而不復也。河漢，謂天河。猶河漢而無極，正狀其言之大而無當。大有逕庭，謂外逕與內庭太懸殊也。

㈡藐姑射，謂遙遠之姑射山。淖約若處子，謂柔弱如處女。乘雲氣，御飛龍，而遊乎四海之外，謂與天地精神往來也。其神凝，謂神人之精神專一寧靜而無功名之念也。狂，與論語楚狂接輿之狂字同義。吾以是狂而不信，猶謂吾以接輿之言爲大而無當而不信也。

㈢瞽，音鼓，盲也。無以，無從也。與，音豫，參與也，猶言知也。文章之觀，謂彩色。鐘字，各舊本多作鍾，茲從黎刻覆宋本。鐘鼓之聲，謂樂聲。夫智之智字，原作知。釋文云：「知，音智」。茲爲便讀，改爲智。夫智亦有之，謂智亦有聾盲，而有所不及知也。是其言也，謂智亦有聾盲之言。時，是也。汝，原作女，二字同，指肩吾言。猶時汝也，謂肩吾不信接輿之言，即是智有聾盲也。之人，指神人。旁礴，猶混同也。一字，絕句，與齊物論「萬物與我爲一」之一字同義。謂一體也，道也。世，謂人間世。蘄，求也。乎，猶於也，在也。亂字，宜從郭注作常義解。近人多訓亂爲治，似不合莊子原意。弊弊焉，勞苦貌。大浸稽天，謂洪水滔天也。大旱金石流，土山焦，謂大旱使金石成爲流質，土山成爲焦土也。是其塵垢粃糠，將猶陶鑄堯舜者也，謂神人之餘緒，尚可鑄造堯舜也。

㈣資章甫，謂販賣殷冠。適諸越，猶言適於越，諸字作介詞用。四子，謂四神人。窅，音杳。窅然，逍遙貌。喪，猶言忘也。窅然喪其天下焉，謂堯既見神人之後，即自覺逍遙而忘其天下焉。

按本節，乃假託姑射神人之故事，以說明神人無功。

惠子謂莊子曰：「魏王貽我大瓠之種，我樹之成，而實五石。以盛水漿，其堅不能自舉也。剖之以爲瓢，則瓠落無所容。非不呺然大也，吾爲其無用而掊之。」㈠莊子曰：「夫子固拙於用大矣。宋人有善爲不龜手之藥者，世世以洴澼絖爲事。客聞之，請買其方百金。聚族而謀曰：我世世爲洴澼絖，不過數金。今一朝而鬻技百金，請與之。客得之，以說吳王。越有難，吳王使之將。冬與越人水戰，大敗越人，裂地而封之。能不龜手，一也，或以封，或不免於洴澼絖，則所用之異也。今子有五石之瓠，何不慮以爲大樽，而浮乎江湖，而憂其瓠落無所容，則夫子猶有蓬之心也夫！」㈡

惠子謂莊子曰：「吾有大樹，人謂之樗。其大本擁腫而不中繩墨，其小枝卷曲而不中規矩。立之塗，匠者不顧。今子之言，大而無用，衆所同去也。」㈢莊子曰：「子獨不見狸狌乎？卑身而伏，以候敖者。東西跳梁，不避高下。中於機辟，死於罔罟。今夫斄牛，其大若垂天之雲。此能爲大矣，而不能執鼠。今子有大樹，患其無用。何不樹之於無何有之鄉，廣莫之野，彷徨乎無爲其側，逍遙乎寢臥其下。不夭斤斧，物無害者。無所可用，安所困苦哉！」㈣

校釋

㈠貽，給也。瓠，音護。大瓠之種，謂大匏之種子。樹，栽種也。實五石，謂結實之大，可容五石之水。盛，音成。其堅不能自舉，謂大匏之質不堅，而不克舉起也。瓠落，猶言廓落。瓠落無所容，謂瓢太大，而無地可容也。呺，同枵，呺然，空大貌。掊，擊破也。

(二)龜手，謂手裂如龜文也。洴澼，音瓶僻，水中擊絮之聲。絖，音曠，與纊同，絮也。洴澼絖，猶言漂絮也。金，古謂金一斤爲一金，則百金謂金百斤，數金謂金數斤。鬻技，賣技也。說，讀去聲，遊說也。將，讀去聲，統兵也。裂地，分地也。慮，猶結綴也。樽，酒器。大樽，謂以匏爲小舟，形如一大樽。故大樽，猶言小舟。有蓬之心，謂心如蓬草之小也。夫、感歎助詞，猶乎也。

(三)大本，謂樹幹。擁與癰通，癰腫同義。中，讀去聲，合也。卷，讀爲捲，卷曲，與拳曲同義，謂曲如拳也。塗，同途。立之塗，猶言立於道途也。

(四)狸狌，音里生，狸即野貓，狌即黃鼠狼。候，伺也。敖，讀爲遨，遨遊也。遨者，謂雞鼠之屬。跳梁，猶言跳掠。蔣錫昌云：「梁，爲掠之借字。尚書大傳，故爾梁遠，注，梁讀爲掠。」機辟，謂捕物之機關。罔罟，即網羅，亦捕物之具。斄，音來，斄牛，似牛之大獸。無何有之鄉，廣莫之野，謂遊心於大道之鄉，廣大之域也。彷徨，猶逍遙也。

按本節，乃以遊心於大道，而安於無所可用之故事，說明至人無己。人非至無己無功無名之理想境界，則精神不得自由也。

二、齊物論

按齊物論篇，爲一種萬物平等論。齊物論者，齊物之論也。莊子以物字統指萬物，包括人之一切在內。齊物，謂對於萬物等視齊觀，任其自然，不加分別也。故齊物論又可名爲萬物平等觀，或任物自然論。常人對於萬物之主要分別，爲物我、是非與生死之見。此等分別之見，皆由我見而起。本篇首以統攝萬物之大道，化除我見，而求物我平等。次詳論是非宜任其兩行，不必言辯，頗有思想自由之意味。末論生死爲物化，亦宜任其自然，不必悅生而惡死。故本篇大旨，不外以大道化除物我、是非與生死之見，而任物自然也。

南郭子綦隱几而坐，仰天而噓，嗒焉似喪其耦。顏成子游立侍乎前，曰：「何居乎？形固可使如槁木，而心固可使如死灰乎？今之隱几者，非昔之隱几者也！」㈠子綦曰：「偃，不亦善乎而問之也。今者吾喪我，汝知之乎？汝聞人籟而未聞地籟，汝聞地籟而未聞天籟夫！」㈡子游曰：「敢問其方。」子綦曰：「夫大塊噫氣，其名爲風。是唯無作，作則萬竅怒呺。而獨不聞之翏翏乎？㈢山陵之嵔崔，大木百圍之竅穴，似鼻、似口、似耳、似枅、似圈、似臼、似洼者、似污者。㈣激者，謞者，叱者，吸者，叫者，譹者，宎者，咬者。㈤前者唱于，而隨者唱喁。泠風則小和，飄風則大和。厲風濟，則眾竅爲虛。而獨不見之調調，之刁刁乎！」(六)子游曰：「地籟，則眾竅是已，人籟，則比竹是已。敢問天籟。」

子綦曰：「夫吹，萬不同，而使其自已也，咸其自取，怒者其誰邪！」(七)

校釋

(一)南郭子綦爲修道有德之寓言人物，以居地南郭爲氏，名子綦。隱几，倚案也。噓，噓息也。嗒，音沓，嗒焉，不動貌。喪，失也，猶言忘也。耦，同偶，對也。似喪其耦，謂似忘我與物之相對也。顏成，複姓，名偃，字子游，子綦弟子。居，音姬，何居，就言何乎。經傳釋詞云：「居下不當復有乎字，疑因下文而衍。」槁木，枯木也。形固可使如槁木，而心固可使如死灰乎，謂忘我者之形可使如枯木之不動，而心亦可使如死灰之寂靜乎。今之隱几者，非昔之隱几者也，謂今日子綦倚案之氣象，與從前所見者不同也。

(二)而字，爲對稱代名詞。而問，猶言爾問也。喪我，猶言忘我。齊物須先忘我，不能忘我則不能齊物，即不能任物自然。故本篇開宗明義，即以忘我爲說。汝聞之汝字，原作女。釋文云：「女，音汝，下同，本亦作汝。」茲依釋文，女字一律改爲汝，以便讀。汝亦爲對稱代名詞。籟，猶言聲也。人籟，謂以簫管所吹之聲。地籟，謂風吹萬竅之聲。天籟，為自然之聲。未聞天籟夫之夫字，為語末疑問助詞，猶乎也。

(三)其方，猶言其說。夫大塊之夫字，為指事之辭。大塊，謂大地。噫氣，猶言噓氣也。是，此也，指風而言。唯，猶言除非。無作，猶言不起。呺，為號之借字，音豪。怒號，猶言大吼。是唯無作，作則萬竅怒號，猶謂風除非不起，起則萬竅大吼也。而，爾也。之，猶言其也，指風而言。翏翏，音聊，長風之聲。而獨不聞之翏翏乎，猶謂爾獨不聞長風之聲乎。

(四)山陵之陵字，原作林，茲從奚侗說，改。山陵，高阜也。嵔崔，原作畏佳，為嵔崔之省字，謂岩石之上下盤曲也。大木百圍，猶言百圍大木，謂樹幹之大有百圍也。圍，謂圓周一尺。百圍，極言其大也。岩石與大樹之竅穴，其形有似鼻者，有似口者，有似耳者，有似柱上曲木之枅者，有似圓圈者，有似舂臼者，有似深池之洼者，有似淺窪之污者。

(五)激者，謂似水激之聲。謞，同號。謞者，謂似箭鳴之聲。叱者，謂似發怒之聲。吸者，謂似吸氣之聲。叫者，謂似叫呼之聲。譹者，謂似譹哭之聲。宎，蔣錫昌云：「當是笑字之誤，謂懽笑聲。」咬者，謂似鳥聲。以上謂各竅所發之聲不同也。

(六)前者唱于，而隨者唱喁，謂前後聲相和也。泠，音零。泠風則小和，謂小風則和聲亦小也。飄風則大和，謂大風則和聲亦大也。厲風濟，則衆竅爲虛，謂烈風已過則衆竅寂靜無聲也。而，爾也。之，猶其也，泛指樹枝。調調，刁刁，皆謂樹枝搖動貌。

(七)比竹，謂簫管。夫，指示之辭也。吹萬不同，謂人籟與地籟所吹之聲各不相同也。自已兩字，影宋本及世德堂本均同。郭注云：「自已而然，則謂之天然」。是郭本亦作自已。已，猶如此也。自已，謂自己如此也，猶謂自然而然也。或作自己，似未可從。也，猶者也。怒者，謂努力使之而然者。夫吹萬不同，而使其自已也，咸其自取，怒者其誰邪，猶謂凡吹聲雖各不相同，然使其自然而然者，皆由其自取，並無努力使之而然者。故子綦所謂天籟，卽自然之聲也。人籟與地籟，亦皆自然之聲也。人能忘我，則知凡吹皆自然之聲。不能忘我，則不解聲之自然而然。本篇首以子綦忘我之說發端，而引出下文之一番大議論。

大智閑閑，小智閒閒。大言淡淡，小言詹詹。其寐也魂交，其覺也形開。與接爲構，日以心鬬，縵者，窖者，密者。小恐惴惴，大恐縵縵。(一)其發若機栝，其司是非之謂也。其留如詛盟，其守勝之謂也。其殺如秋冬，以言其日消也。其溺之所爲之，不可使復之也。其厭也如緘，以言其老洫也。近死之心，莫使復陽也。(二)喜怒哀樂，慮歎變慹，姚佚啟態，樂出虛，蒸成菌，日夜相代乎前，而莫知其所萌。(三)

校釋

(一)智字，原作知，釋文云：「知音智。」茲依釋文音讀，改爲智，以便讀。大智閑閑，謂大智之精神寧靜也。小智間間，謂小智之態度小巧也。淡淡，原作炎，茲依章炳麟齊物論釋從釋文李本改。大言淡淡，謂大智之言恬淡無華也。詹詹，同沾沾。小言詹詹，謂小智之言，多沾沾自喜也。其寐之其字，泛指小智之凡人。下文其覺、其發、其留、其殺、其溺、其厭之諸其字，皆同義。其寐也魂交，其覺也形開，猶謂小智之凡人，寢則神亂於內而不能安眠，覺則心馳於外而不能收攝。構，構想也。縵，音幔，謂無文飾之物，或粗布。窖，謂窖藏。密字、疑當讀爲蜜。自與接爲構至密者十四字應爲一句讀。此句謂凡人對人接物之構想，常用心計相鬪，或質粗如縵，或心深如窖，或口甜如蜜，不易測也。縵縵，紆緩貌，猶言從容若所無事然。小恐惴惴，大恐縵縵，猶謂凡人之於恐懼常惴惴不安，而大智之於恐懼則從容若無事然。

(二)機栝，謂弩牙箭栝。其發若機栝，其司是非之謂也，猶謂凡人之是己非人，若射箭之急速也。詛盟，謂誓約。其留如詛盟，其守勝之謂也，猶謂凡人之堅持己見以求勝，如誓約之不可改也。殺，猶言衰落。其殺如秋冬，以言其日消也，猶謂凡人之日趨衰落，如秋冬之殺草木也。溺，謂沉溺，猶言嗜好。爲之，復之之兩之字，均指沉溺言。復，反也，復原也。其溺之所爲之，不可使復之也，猶謂凡有所沉溺者之爲其所沉溺，不可使其不再沉溺也。厭，厭倦也。老洫，與老逸同，猶言衰老。其厭也如緘，以言其老洫也，猶謂凡人至衰老之時，則厭倦不言，如緘其口也。近死之心，莫使復陽也，謂凡人之心已近死地，則無法使其復生也。

㈢自喜怒以下十二字，爲十二種心理狀態。喜，謂喜悅。怒，謂忿怒。哀，謂悲哀。樂，謂快樂。慮，謂憂慮未來。嘆，謂嘆惜已往。變，謂反覆無常。慹，音執，謂固執不動。姚，借爲佻，謂輕薄。佚，謂放蕩。啓，謂開朗。態，疑當讀爲慝，謂姦慝。此十二字，宜與下文十八字，合爲一句讀。猶謂此十二種心理狀態，如樂出虛，如蒸成菌，如日夜相代乎前而不知其所由生也。樂出虛，謂樂聲出於管孔也。烝，同蒸，熱氣也。蒸成菌，謂菌成於熱氣也。日夜相代乎前，謂日夜循環往來也。莫知其所以萌，謂凡此一切，皆自然而然，而不知其所由以生也。

已乎，已乎！旦暮得此其所由以生乎！非彼無我，非我無所取。是亦近矣，而不知其所爲使。若有眞宰，而特不得其眹。可行已信，而不見其形。有情而無形。㈠百骸、九竅、五藏，賅而存焉，吾誰與爲親？汝皆說之乎？其有私焉？如是皆有爲臣妾乎？其臣妾不足以相治乎？其遞相爲君臣乎？其有眞君存焉。如求得其情與不得，無益損乎其眞。㈡一受其成形，不亡以待盡。與物相刃相靡，其行盡如馳，而莫之能止，不亦悲乎！終身役役，而不見其成功。苶然疲役，而不知其所歸，可不哀邪！人謂之不死奚益。其形化，其心與之然，可不謂大哀乎！人之生也，固若是芒乎？其我獨芒，而人亦有不芒者乎？㈢夫隨其成心而師之，誰獨且無師乎？奚必知代？而心自取者有之，愚者與有焉。未成乎心而有是非，是今日適越而昔至也。是以無有爲有。無有爲有，雖有神禹且不能知，吾獨且奈何哉！㈣

校釋

㈠兩己字，各本均作已。已己兩字，形近易混。本篇首言喪我，此下言彼、我。茲依上下文意，改已爲己。旦暮，猶言早晚。此，指己言。其，猶之也。彼，指物言，我以外之人亦包含在內。非彼無我，謂無物則無我與之對待也。非我無所取，謂無我則對於物無所取舍好惡也。是亦近矣，而不知其所爲使，謂非彼無我，非我無所取之語，近似道破己之所由以生，但不知誰使之而然。若有眞宰，而特不得其眹，謂似有眞宰使之而然，但又不得眞宰之眹兆。莊子以眞宰隱喻大道，非謂眞有眞宰也，故曰若有眞宰。已信，影宋本作己信，茲從世德堂本。可行已信，而不見其形，謂大道之可運行，已信而有徵，但又不見其形狀。有情而無形，謂大道有實體而無形狀。此與老子所謂「道之爲物，惟恍惟惚。……窈兮冥兮，其中有精。其精甚眞，其中有信」之語相合。

㈡百骸，總稱人身之骨節。九竅，謂耳、目、鼻、口，上七竅及下二竅。五藏，原作六藏。茲依陳碧虛莊子闕誤引江南古藏本。釋文云：「心、肺、肝、脾、腎謂之五藏。今此云六藏，未知所出。」五藏同五臟。賅而存焉，猶言兼而有之。其，爲選擇連詞，猶抑也。下文三其字，同義。說，同悅。私，謂偏愛。如是，猶言於是。皆有之有字，疑當作以。古文以字作㠯，與有字形近而誤。眞君，亦隱喩大道，與形骸對言。此數句，猶謂人之形骸具有百骸九竅五臟，將以何者爲我而親之乎？皆以爲我而悅之乎？抑取形骸之一部分爲我而偏愛之？如無所偏愛，則形骸之各部分，皆以爲臣妾乎？抑臣妾不足以相治乎？抑迭相爲君臣乎？抑有超乎形骸之大道乎？其情，謂大道之實體。如求得其情與不得，無益損乎其眞，謂大道之實體能求得與否，無所增損於其本眞也。

㈢一受其成形，謂一經禀受於天而成形爲人也。亡，當讀爲忘。待，謂彼此對待。盡，謂消滅。不忘以待盡，謂彼此不忘以對待而消滅也。與物，謂人與人也。相刃，謂相殺也。靡，同䃺，古與磨通。相磨，猶今言互相磨擦。其行盡如馳，而莫之能止，謂相殺相磨之行，皆如馬之急走，而無人能制止之也。人間如此彼此對待以盡，故曰不亦悲乎！役役，勞苦也。苶字，世德堂本作薾，二字通。苶然，弱貌。疲役，疲勞也。歸，歸宿也。其形化，其心與之然，猶謂凡人之身變爲衰老，而其心亦隨之變爲衰老也。芒，音忙，茫昧也。其我獨芒，而人亦有不芒者乎，猶謂豈我一人茫昧，而人亦有不茫昧者乎？

㈣成心，猶言成見。之，指成心言。且字，句中語助，無義。奚必，何必也。知字，疑當讀爲智，與下文愚字對比立言。代字，疑爲成字之誤。成讀爲盛，猶言多也。心自取，謂師心自用也。此文大意謂人不可以成見爲師。如以成見爲師，何必智多之人有之，即愚者亦可師心自用也。未成乎心而有是非，謂是非生於成見，今言心無成見而有是非，則如惠子所謂「今日適越而昔至」之說，乃以無有爲有也。且不能知，猶言尙不能知也。吾獨且奈何哉，猶言吾獨將奈何哉。

本節先破己見，次言是非之言，亦出於己見——成見，以爲下節之導引。

夫言，非吹也。言者有言，其所言者特未定也。果有言邪？其未嘗有言邪？其以爲異於鷇音，亦有辯乎？其無辯乎？㈠道惡乎隱而有眞僞？言惡乎隱而有是非？道惡乎往而不存？言惡乎存而不可？道隱於小成，言隱於榮華。故有儒墨之是非，以是其所非，而非其所是。欲是其所非，而非其所是，則莫若以明。㈡物無非彼，物無非是。自彼則不見，自是則知之。故曰：彼出於是，是亦因彼。彼是，方生之說也。雖然，方生方死，方死方生。方可方不可，方不可方可。因是因非，因非因是。是以聖人不由，而照之於天，亦因是也。㈢是亦彼也，彼亦是也。彼亦一是非，此亦一是非。果且有彼是乎哉？果且無彼是乎哉？彼是莫得其偶，謂之道樞。樞始得其環中，以應無窮。是亦一無窮，非亦一無窮也。故曰：莫若以明。㈣

校釋

㈠夫字，爲指事之辭。言，謂人言。吹，謂天籟。夫言非吹也，猶謂出於成見之言，與出於自然之聲不同也。言者有言，其所言者特未定也，猶謂辯者各有所說，但其所說者尚不足爲定準也。其，猶抑也。鷇，音殼。鷇音，鳥子初出卵殼之聲。辯、別也。果有言耶以下五句，猶謂其所說者既不足爲定準，則不能謂其眞有所說乎？抑謂其無所說乎？抑以爲辯者之言與鷇音有別乎？抑無別乎？鷇音出於自然，而辯者之言出於成見，當不同也。惡，音烏，何也。隱，隱蔽也。道惡乎隱而有眞僞，謂大道何所蔽而有眞僞也。言惡乎隱而有是非，謂言辯何所蔽而有是非也。道隱於小成，謂大道爲一曲之見所蔽。言隱於榮華，謂言辯爲浮華之詞所蔽。儒墨之是非，以是其所非，而非其所是，猶謂儒墨之所謂是或非，不外儒是墨之所非，而墨亦非儒之所是而已。莫若以明，謂不如超出彼此是非之上，而以大道兼明之，則儒墨所是者不必是，而所非者亦不必非也。

(二)彼是，猶言彼此，或人我，指相對之兩方言。物無非彼，物無非是，謂凡物可以之爲彼方，亦可以之爲此方。自是原作自知，茲依嚴靈峰莊子新編校改。自彼則不見，自是則知之，謂自彼方則不見此方之是，自此方則知此方之是也。彼出於是，是亦因彼，謂有此方始有彼方，有彼方始有此方也。彼是，方生之說也，謂彼此乃相對同時並有也。方生方死，方死方生，謂有此卽有彼，無此卽無彼，無彼卽無此，有彼卽有此也。方可方不可，方不可方可，謂彼此皆有所可，亦皆有所不可，皆有所不可，亦皆有所可也。因是因非，因非因是，謂是非相因而生，有是卽有非，有非卽有是也。亦因是也之是字，非與非字對言，乃一同動詞。是以聖人不由，而照之於天，亦因是也，猶謂聖人不由是非對立之途，而超出是非之上，以大道兼明之，亦是一種因應也。是亦彼也，彼亦是也，謂相對之雙方可以互易，此方亦可爲彼方，彼方亦可爲此方也。彼亦一是非，此亦一是非，謂彼方有所是非，此方亦有所是非也。果且有彼是乎哉，果且無彼是乎哉，謂彼此之相對既可互易，則眞有彼此之分乎？抑無彼此之分乎？偶、猶言對待也。樞，謂戶樞，以喻大道之圓通。彼是莫得其偶，謂之道樞，謂彼此不成對待，則進於圓通之大道矣。環，謂承受戶樞之圓洞。樞始得其環中，以應無窮，謂大道如戶樞之一經得入圓環之中，即可左右旋轉無窮也。是亦一無窮，非亦一無窮，謂超出是非之外，而任是非皆流行不息也。莫若以明，解見前。

以指喻指之非指，不若以非指喻指之非指也。以馬喻馬之非馬，不若以非馬喻馬之非馬也。天地，一指也，萬物，一馬也。㈠道行之而成，物謂之而然。惡乎然？然於然。惡乎不然？不然於不然。物固有所然，物固有所可。無物不然，無物不可。可乎可，不可乎不可。㈡故爲是舉莛與楹，厲與西施，恢恑憰怪，道通爲一。其分也，成也；其成也，毀也。凡物無成與毀，復通爲一。唯達者知通爲一，爲是不辯而寓諸庸。庸也者，用也，用也者，通也，通也者，得也。適得而幾矣，因是已。已而不知其然謂之道。㈢勞神明爲一，而不知其同也，謂之朝三。何謂朝三？曰：狙公賦芧曰，朝三而暮四，衆狙皆怒。曰：然則朝四而暮三，衆狙皆悅。名實未虧，而喜怒爲用，亦因是也。是以聖人和之以是非，而休乎

天鈞，是之謂兩行。㈣

校釋

㈠按此節，似反駁公孫龍子所謂「物莫非指，而指非指」及「白馬非馬」之說。然公孫龍子晚於莊子，莊子不及見公孫龍子之書。或者莊子時之辯者已有此兩說，故莊子得非之。茲就莊子書而釋之，則指蓋謂手指。以指喻指之非指，不若以非指喻指之非指也，猶謂以此指說明彼指之非此指，不如以非此指說明彼指之非此指也。以馬喻馬之非馬，不若以非馬喻馬之非馬，猶謂以白馬說明白馬非馬之通稱，不如以非白馬說明白馬非馬之通稱也。就彼此分別言之，則有指與非指，馬與非馬之別。然就大道通觀之，則天地如同一指，萬物如同一馬，而不可分也。

㈡道行之而成，謂大道自然運行而成萬物也。物謂之而然，謂物之是非，由人之判斷而定也。惡乎然？然於然，謂何以爲是，自以爲是則是也。惡乎不然？不然於不然，謂何以爲不是，自以爲不是則不是也。物固有所然，物固有所可，謂就各物分言之，則各物本有所是，亦本有所可也。無物不然，無物不可，謂從大道通觀之，則無物不是，亦無物不可也。

可乎可，不可乎不可八字，原在上文一馬也下，茲依王叔岷說校乙。可乎可，不可乎不可，謂以為可則可，以為不可則不可也。

㈢為是，猶言因此。擧，猶言一切。莛，音庭，小棒也。楹，大柱也。厲，音賴，謂有癩病而貌醜也。西施，吳王美女。恢恑憰怪，謂形形色色之怪異。道通為一，謂從大道觀察，則一切大小，美醜以及形形色色之怪異，皆合為一體而無分也。其分也，成也，其成也，毀也，謂凡物有所分，則有所成；有所成，則有所毀也。凡物無成與毀，復通為一，謂凡物無論成毀，皆合為一體之大道也。不辯，原作不用，茲依上下文意校改。唯達者知通為一，為是不辯而寓諸庸，猶謂唯有達者知物之成毀復通為一，因此不加分辯，而任物之成毀於其用也。適得而幾矣，謂任物之成者得成，毀者得毀，則近於大道矣。因，謂因物自然。是字，為同動詞。已字，為語末助詞。因是已，謂物之適得成或毀，則近於大道，即因物自然是也。已，楊樹達詞詮云：「指示代名詞，如此也。」已而不知其然，謂之道，猶謂如此而不知其所以然，名為道也。

㈣勞神明為一，而不知其同也，謂之朝三，猶言苦思力索，以己見為大道，而不知己見與人見相同，猶之朝三暮四與朝四暮三之名實無異也。狙、猿屬。狙公，宋國養狙者。賦，給與也。芧，音序，橡子也。暮字，影宋本及世德堂本均作莫，二字古通，茲從莊子翼。朝三而暮四，則衆狙皆怒，謂給與橡子朝三升，暮四升，則衆狙皆怒也。朝四而暮三，則衆狙皆悅，謂改給朝四升、暮三升，則衆狙皆悅也。名實未虧，而喜怒爲用，謂四升與三升之名實相同，而衆狙之喜怒不同也。亦因是也，謂衆狙既喜朝四而暮三，即順其意而朝四暮三，亦是因物自然也。是以聖人和之以是非，而休乎天鈞，是之謂兩行，猶言聖人和融是非，而安息於自然之大道之上，以觀是非之兩行也。

古之人，其知有所至矣。惡乎至？有以爲未始有物者，至矣，盡矣，不可以加矣。其次以爲有物矣，而未始有封也。其次以爲有封焉，而未始有是非也。㈠是非之彰也，道之所以虧也。道之所以虧，愛之所以成。果且有成與虧乎哉？果且無成與虧乎哉？有成與虧，故昭氏之鼓琴也。無成與虧，故昭氏之不鼓琴也。㈡昭文之鼓琴也，師曠之枝策也，惠子之據梧也，三子之智，幾乎皆其盛者也，故載之末年。㈢唯其好之也，以異於彼。其好之也，欲以明之彼。非所明而明之，故以堅白之昧終。而其子又以文之綸終，終身無成。若是而可謂成乎？雖我亦成也。若是而不可謂成乎？物與我無成也。㈣是故滑疑之耀，聖人之所圖也。爲是不用而寓諸庸，此之謂以明。㈤

校釋

(一)古之人，蓋指老子。其知有所至矣，謂老子之知有所究極也。惡乎至，謂何所究極也。有以爲未始有物者，至矣，盡矣，不可以加矣，猶謂知之究極，至未曾有物之先，即知之極地，不能再究矣。老子云：「天下萬物生於有，有生於無。」無物，即究極之知也。其次以爲有物矣，而未始有封也，謂知之境界，由無物下降爲有物，但物我尚未有畛域之分也。其次以爲有封焉，而未始有是非也，謂知之境界又由無畛域下降爲有畛域，但尚未有是非之見也。知之境界，有無物、有物而無畛域，有畛域而無是非以及有是非之四種層次。莊子欲人知之境界，由最下之一層次上升至最上之一層次，即由有是非，而上升至無是非，無畛域以至無物之境界，即道之境界。

(二)是非之彰也，道之所以虧也，謂有是非之顯明對立，則不見道之全體也。愛，謂偏好。道之所以虧，愛之所以成，謂不見道之全體，由於有所偏好也。果且有成與虧乎哉，果且無成與虧乎哉，謂人之偏好，果眞有所謂成虧乎？抑無所謂成虧乎？故，楊樹達詞詮云：「承遞連詞，則也，即也。」昭氏，姓昭，名文，鄭樂師，善鼓琴。有成與虧，故昭氏之鼓琴也，謂昭氏鼓琴，則愛有所成，而道亦有所虧也。無成與虧，故昭氏之不鼓琴也，謂昭氏不鼓琴，則愛無所成，而道亦無所虧也。

㈢師曠，晉樂師，名曠。枝策，謂持杖擊節以奏樂也。據梧，謂依梧几而辯說也。智字，原作知。釋文云：「知音智。」茲依釋文音讀，改為智，以便讀。幾乎，就言殆也。盛，猶言多也，極也。載之末年，謂從事終身也。此文謂昭文鼓琴，師曠擊節與惠子辯說之智，殆皆造極，故終身從事之也。

㈣唯其好之也，以異於彼，謂凡有所偏好者，欲求與衆不同也。其好之也，欲以明之彼，謂凡有所偏好者，亦欲以其所偏好曉喻他人也。非所明而明之，謂以我之偏好，曉喻無此偏好之他人也。堅白，為戰國名家之說，詳見公孫龍子堅白論。堅白論，謂石之堅與白可以相離，常人不易了解。莊子稱惠子以堅白之昧終，似惠子亦信此說也。昧，同迷。以堅白之昧終，謂惠子終身迷於堅白之說，而不知大道也。綸，俞樾諸子平議云：「知也。以文之綸終，謂以文之所知者終，即是以文之明終。」終身無成，謂惠子雖善辯，亦終身無成也。若是而可謂成乎，雖我亦成也，謂偏好如可謂為成，則我亦有所成也。若是而不可謂成乎，物與我無成也，謂偏好如不可謂為成，則彼與我皆無所成也。

㈤滑疑，猶言滑稽。史記滑稽多智，顏注，滑，亂也，稽，疑也。索隱云：言是若非，言非若是，能亂同異也。耀，炫耀也。圖，讀如左傳蔓難圖也之圖，謂除治也。是故滑疑之耀，聖人之所圖也，猶謂炫耀滑稽之巧辯，聖人之所不為也。不用，疑為不辯之誤。為是不辯而寓諸庸，謂因此不辯，而寄是非於其用也。此之謂以明，謂此即所謂超出彼此是非之上，而以大道兼明之也。

今且有言於此，不知其與是類乎？其與是不類乎？類與不類，相與爲類，則與彼無以異矣。㈠雖然，請嘗言之。有始也者，有未始有始也者，有未始有夫未始有始也者。有有也者，有無也者，有未始有無也者，有未始有夫未始有無也者。俄而有無矣，而未知有無之果孰有孰無也？㈡今我則已有謂矣，而未知吾所謂之其果有謂乎？其果無謂乎？天下莫大於秋豪之末，而大山爲小。莫壽乎殤子，而彭祖爲夭。㈢天地與我並生，而萬物與我爲一。既已爲一矣，且得有言乎？既已謂之一矣，且得無言乎？一與言爲二，二與一爲三。自此以往，巧歷不能得，而況其凡乎？故自無適有，以至於三，而況自有適有乎？無適焉，因是已。㈣

校釋

㈠且，又也。此，指本節。上其字，指此節。是，指上節。類，同也。下其字，猶言抑也。彼字，與此字對言，亦指上節。今且有言於此，不知其與是類乎？其與是不類乎？猶謂今又有言於本節，不知本節所言者與上節所言者相同乎，抑不相同乎？類與不類，相與爲類，則與彼無以異矣，猶謂無論同與不同，但合爲一類而觀之，則本節所言者與上節所言者殆無異也。

㈡請嘗言之，猶謂請試言之。有始也者，謂天地之原始也。此句始字，從老子「無名天地之始」而來。有未始有始也者，謂天地尚未曾有原始之前也。有未始有夫未始有始也者，謂天地尚未曾有原始之更前也。吾人思及天地之原始時，已撤銷物我之對立。若追溯至天地之原始以前及其更前，則意境益無限，尚何有是非可言哉！有無兩字之義，均從老子「天下萬物生於有，有生於無」而來。有有也者，謂有物也。有無也者，謂有道也。有未始有無也者，謂尚未曾有道之前也。有未始有夫未始有無也者，謂尚未曾有道之更前也。吾人由物思及道時，已通萬物爲一。若追溯至有道以前及其更前，則意境益無涯，亦無是非可言也。俄而有無矣，而未知有無之果孰有孰無也，謂萬物忽有忽無，而其究竟孰爲有，孰爲無，尚不得知，自無是非也。

㈢謂，猶言也。之其之其字，語助，無義。其果之其字，猶抑也。今我則已有謂矣，而未知吾所謂之其果有謂乎，其果無謂乎，猶謂今我已有言於此矣，而未知吾所言究爲有言乎，抑究爲無言乎？豪，同毫。秋毫，謂獸在秋季新生之毛甚細軟也。末，端也。殤子，未成年而死者。天下莫大於秋豪之末，而大山爲小，謂物之大小，因比較而不同也。以小於秋豪之末者，與秋豪之末相比，則秋豪爲大。以大於大山者，與大山相比，則大山爲小。莫壽於殤子，謂以壽命短於殤子者，與殤子相比，則殤子爲壽。彭祖爲夭，謂以壽命長於彭祖者，與彭祖相比，則彭祖爲夭。

㈣天地與我並生，萬物與我爲一，謂自大道觀之，天地與我同生於宇宙之間，我與天地並不相對，萬物與我同爲一體，我與萬物亦不相對也。既已爲一矣，且得有言乎，謂萬物與我既已同爲一體矣，尙得有所言乎？既已謂之一矣，且得無言乎，謂既已謂萬物與我爲一矣，尙得謂無所言乎？一與言爲二，二與一爲三，謂一加言一之言爲二，二加一爲三也。歷，同曆。巧曆，謂善推算曆數之人。凡，謂不善推算者。自此以往，巧歷不能得，而況其凡乎，謂自三以後，雖善推算之人亦不能得，而況不善推算者乎？以，同已。故自無適有，以至於三，而況自有適有乎，猶謂故自無言至有言，已至於三，而況自有言至有言，則言無窮矣。無適焉，因是已，謂言既無窮，則不言而因物自然是已。

夫道未始有封，言未始有常，爲是而有畛也。請言其畛：有左有右，有論有議，有分有辯，有競有爭，此之謂八德。㈠六合之外，聖人存而不論；六合之內，聖人論而不議。春秋經世先王之志，聖人議而不辯。故分也者，有不分也；辯也者，有不辯也。曰：何也？聖人懷之，衆人辯之，以相示也。故曰辯也者，有不見也。㈡夫大道不稱，大辯不言，大仁不仁，大廉不嗛，大勇不忮。道昭而不道，言辯而不及，仁常而不周，廉清而不信，勇忮而不成。五者园而幾向方矣。㈢故知止其所不知，至矣。孰知不言之辯，不道之道？若有能知，此之謂天府。注焉而不滿，酌焉而不竭，而不知其所由來，此之謂葆光。㈣故昔者堯問於舜，曰：「我欲伐宗、膾、胥敖，南面而不釋然，其故何也？」舜曰：「夫三子者，猶存乎蓬艾之間，若不釋然，何哉？昔者十日並出，萬物皆照，而況德之進乎日者乎！」㈤

校釋

㈠夫道未始有封，謂道無所不在，而未曾有彼此之分也。言未始有常，謂言未曾有定說也。為是而有畛也，猶言因此而有是非之分別也。請言其畛，猶謂請言是非之分別也。有左有右，謂是非如左右之正相反對也。有論有議，原作有倫有義，茲從釋文崔本。有論有議，謂是非有直言與評議之別也。有分有辯，謂是非有大分與小分之別也。有競有爭，謂是非有群辯與對辯之別也。此之謂八德，謂是非之分別，有此八種也。

(二)六合之外，聖人存而不論，謂天地四方以外之物，聖人存而不言也。六合之內，聖人論而不議，謂天地四方以內之物，聖人有直言而無評議也。春秋，謂史書。經世先王之志，猶言先王經世之紀事。春秋經世先王之志，聖人議而不辯，謂春秋所記先王經世之事，聖人雖有褒貶之評議，而善惡均書，並無分別也。故分也者有不分也，辯也者有不辯也，重申上文聖人議而不辯之言。曰字，爲自設問答之詞。何也，謂聖人曷爲議而不辯也。聖人懷之，謂聖人兼包是非，而不加爭辯也。衆人辯之，以相示也，謂常人之所以爭辯是非者，爲求互相炫耀也。辯也者，有不見也，謂凡爭辯者，只見自己之是，而不見自己之非也。

(三)大道不稱，謂大道不言也。大辯不言，謂大辯不辯也。大仁不仁，謂大仁不偏愛也。嗛，同銜。大廉不嗛，謂大廉不銜恨也。大勇不忮，謂大勇不害人也。道昭而不道，謂明言大道則非道也。言辯而不及，謂言有所分辯，則有所不及分辯也。周字，原作成，玆從陳景元莊子闕誤，依江南古藏本校改。仁常而不周，謂仁常有偏愛則不周到也。廉清而不信，謂廉過清則不易見信也。勇忮而不成，謂勇而害人，則不成其爲勇也。园，讀爲刓，削也，猶言除去也。而，猶則也。幾，庶幾也。向方，向道也。五者园而幾向方矣，謂除去道之名言，言之爭辯，仁之偏愛，廉之過清以及勇之忮心五者，則庶幾近於道矣。

(四)止，猶至也。其所不知，謂大道。故知止其所不知，至矣，謂人之知至其所不知之大道，則至於知之極地矣。孰知不言之辯，不道之道，謂誰知不言之辯爲大辯，不稱之道爲大道？若有能知，此之謂天府，謂如有能知不言之辯爲大辯，不稱之道爲大道者，此之謂自然之大道之所在也。注，注入也。酌，酌出也。葆，同保。注焉而不滿，酌焉而不竭，而不知其所由來，此之謂葆光，謂大道注入而不滿，酌出而不竭，而不知其所由來，此之謂光而不耀也。

(五)宗、膾、胥敖，古代三國名。南面，謂天子臨朝，坐北朝南。南面而不釋然，謂臨朝不樂也。夫三子者，猶存乎蓬艾之間，謂此三國之君，猶之寄生於蓬艾之間，其小不足介意，何必伐之。若不釋然，何哉，謂汝曷爲不樂也。昔者十日竝出，萬物皆照，而況德之進乎日者乎，謂古代傳說有十日同時竝出，萬物無所不照，而況聖人之德，比之於日更大，又何所不容乎？

齧缺問乎王倪，曰：「子知物之所同是乎？」曰：「吾惡乎知之？」「子知子之所不知邪？」曰：「吾惡乎知之？」「然則物無知邪？」曰：「吾惡乎知之？雖然，嘗試言之。庸詎知吾所謂知之非不知邪？庸詎知吾所謂不知之非知邪？(一)且吾嘗試問乎汝：民溼寢則腰疾偏死，鰌然乎哉！木處則惴慄恂懼，猨猴然乎哉！三者，孰知正處？民食芻豢，麋鹿食薦，蝍且甘帶，鴟鴉耆鼠，四者，孰知正味？猨、猵狙以爲雌。麋與鹿交。鰌與魚游。毛嬙、麗姬、人之所美也，魚見之深入，鳥見之高飛，麋鹿見之決驟。四者，孰知天下之正色哉？自我觀之，仁義之端，是非之塗，樊然殽亂，吾惡能知其辯！」㈡齧缺曰：「子不知利害，則至人固不知利害乎？」王倪曰：「至人神矣，大澤焚而不能熱，河漢沍而不能寒，疾雷破山，風振海而不能驚。若然者，乘雲氣，騎日月，而遊乎四海之外，死生無變於己，而況利害之端乎！」㈢

校釋

㈠齧缺，蓋一混名，以缺齒不能齧物而得名。齧缺與王倪均爲莊子假託之寓言人物。子知物之所同是乎，謂汝知物之所同然乎？曰：吾惡乎知之，謂王倪答曰吾何從知之。庸詎，猶言安也。庸詎知吾所謂知之非不知邪，庸詎知吾所謂不知之非知邪？猶言安知吾所謂知之非不知乎，安知吾所謂不知之非知乎？蓋以吾所謂知與不知，皆出於主觀，而不能必其爲知或不知也。

㈡且，猶又也。汝字，原作女。釋文云：「女音汝。」玆依釋文改爲汝，以便讀。汝，爲對稱代名詞。且吾嘗試問乎汝，謂王倪又試問齧缺也。民溼寢則腰疾偏死，鰌然乎哉，謂人常臥溼地則生腰疾，偏枯而死，而鰌則不然也。木處則惴慄恂懼，猨猴然乎哉，謂人居於樹上，則戰慄危懼，而猨猴則不然也。三者孰知正處，謂人鰌與猨猴，三者所居不同，究竟孰知正處也。民食芻豢，謂人喜食食草之牛羊與人所豢養之犬豕也。麋鹿食薦，謂麋鹿喜食美草也。蝍且，讀即蛆，蜈蚣別名。蝍蛆甘帶，謂蜈蚣喜食小蛇也。耆，讀為嗜。鴟鴉嗜鼠，謂鴟鴉喜食老鼠也。四者孰知正味，謂人民，麋鹿，蝍蛆與鴟鴉所喜食者不同，究竟孰知正味也。猨，猵狙以為雌，謂猵狙以公猿為雌也。麋與鹿交，謂麋與鹿大小不同而交尾也。鰌與魚游，謂鰌與魚同游於水也。毛嬙，為越王美姬。麗姬，為晉獻公美姬。毛嬙、麗姬，人之所美也，魚見之深入，鳥見之高飛，麋鹿見之決驟，謂毛嬙、麗姬，人見之以為美而好之，但魚見之則深入於水，鳥見之則高飛於天，麋鹿見之則急馳而走，並不以毛嬙、麗姬為美而好之也。四者孰知天下之正色哉，謂人、魚、鳥與麋鹿之所美者不同，究竟孰知天下之正色哉？塗，同途。樊然，猶言紛然。殽，同淆。辯，分別也。此句謂自我觀之，仁義之事與是非之途，紛然淆亂，吾何能知其分別哉！此節蓋謂人既不知正處、正味與正色，自亦不知是非之分也。

(三)至人固不知利害乎，謂至人本不知利害之分乎？至人神矣，謂至人大而化之，如大澤焚而不能傷之，如河漢凍而不能寒之，如疾雷裂山，大風振海而不能驚之。若然者，謂如此之人，則其精神可乘雲氣，騎日月，而遊於四海之外，雖死生無變於己，而況利害之事乎？

瞿鵲子問乎長梧子，曰：「吾聞諸夫子，聖人不從事於務，不就利，不違害，不喜求，不緣道。無謂有謂，有謂無謂，而遊乎塵垢之外。夫子以爲孟浪之言，而我以爲妙道之行也，吾子以爲奚若？」㈠長梧子曰：「是黃帝之所聽熒也，而丘也何足以知之！且汝亦大早計，見卵而求時夜，見彈而求鴞炙。予嘗爲汝妄言之，汝以妄聽之奚？旁日月，挾宇宙，爲其脗合，置其滑涽，以隸相尊。衆人役役，聖人愚芚，參萬歲而一成純。萬物盡然，而以是相蘊。㈡予惡乎知說生之非惑邪？予惡乎知惡死之非弱喪而不知歸者邪？麗之姬，艾封人之子也。晉國之始得之也，涕泣沾襟。及其至於王所，與王同筐牀，食芻豢，而後悔其泣也。予惡乎知夫死者不悔其始之蘄生乎！㈢夢飲酒者，旦而哭泣。夢哭泣者，旦而田獵。方其夢也，不知其夢也。夢之中，又占其夢焉，覺而後知其夢也。且有大覺，而後知此其大夢也。而愚者自以爲覺，竊竊然知之。君乎，牧乎，固哉！丘也與汝，皆夢也。予謂汝夢，亦夢也。是其言也，其名爲弔詭。萬世之後，而一遇大聖知其解者，是旦暮遇之也。㈣

既使我與若辯矣，若勝我，我不若勝，若果是也，我果非也邪？我勝若，若不吾勝，我果是也，而果非也邪？其或是也，其或非也邪？其俱是也，其俱非也邪？我與若不能相知也，則人固受其黮闇，吾誰使正之？㈤使同乎若者正之，既與若同矣，惡能正之？使同乎我者正之，既同乎我矣，惡能正之？使異乎我與若者正之，既異乎我與若矣，惡能正之？使同乎我與若者正之，既同乎我與若矣，惡能正之？然則我與若與人俱不能相知也，而待彼也邪？㈥化聲之相待，若其不相待，和之以天倪，因之以曼衍，所以窮年也。何謂和之以天倪？曰：是不是，然不然。是若果是也，則是之異乎不是也，亦無辯。然若果然也，則然之異乎不然也，亦無辯。忘年，忘義，振於無竟，故寓諸無竟。」㈦

校釋

㈠瞿鵲子、長梧子，均為假託之寓人言物。問乎，問於也。夫子，蓋指孔子。聖人不從事於務，謂聖人無為而任物自然也。不就利，不違害，謂聖人不趨利，不避害也。不喜求，不緣道，謂聖人自得於心，不喜求得於外，亦不以道在心外而緣附之也。謂，言也。塵垢之外，蔣錫昌云：「猶言大道之中。」無謂有謂，有謂無謂，而遊乎塵垢之外，猶謂聖人無言卽有言，有言卽無言，而遊心於大道之中也。孟浪之言，粗略之言也。妙道，玄妙之大道。奚若，何如也。

(二)是，猶此也，指上文瞿鵲子聞諸夫子之言。黃帝，中國上古開國帝王之名。熒，亦作瑩，音榮，疑惑不大明也。瑩也，猶言瑩者。丘，孔子名。丘也之也字，語助無義。是黃帝之所聽瑩也，丘也何足以知之，謂夫子之此言，乃黃帝之所聽不大明者，而丘何能知之。汝原作女。釋文云：「女，音汝。」茲依釋文音讀，改爲汝，以便讀。大，讀爲太。卵，雞卵。時夜，司晨之雄雞。彈，獵鳥之槍彈。鴞，小鳩，可炙而食。見卵而求時夜，見彈而求鴞炙，謂聞夫子之言，卽以爲妙道之行，猶之見雞卵卽求司晨之雞，見槍彈卽求食炙鳩，未免太早計也。予嘗爲汝妄言之，汝以妄聽之奚，猶謂予試爲汝妄言之，汝亦妄聽之，何如？旁日月，挾宇宙……，猶言聖人之精神境界，如傍日月無所不照，如挾宇宙無所不容，取其相合者，而去其相異者，則僕隸亦可等視齊觀，而相尊也。役役，勞苦也。愚芚，渾沌也。參，參合，猶言玄同也。萬歲，猶言古今。一，皆也。純，謂道也。衆人役役……，猶謂凡人勞於辯察，聖人安於渾沌，玄同古今之異，而皆成爲大道也。是，指純或大道而言。萬物盡然，而以是相蘊，謂萬物皆如此，而以道相含也。

(三)惡乎之惡字，音烏，何也。說生，讀爲悅生。惡死之惡字，讀爲好惡之惡。弱喪，謂少時離家走失者。歸，回家也。麗之姬，麗姬也。艾，地名。封人，守封疆之官。王，指晉獻公。王所，王宮也。筐，同匡，匡床，方床也。與王同匡牀，謂麗姬與晉獻公同床而臥也。食芻豢，食牛羊犬豕之肉也。蘄生，求生也。

(四)夢飲酒者，旦而哭泣，謂夜夢飲酒而樂者，旦覺則哭泣而悲也。夢哭泣者，旦而田獵，謂夜夢哭泣而悲者，旦覺則田獵而樂也。方其夢也，不知其夢也，謂當其夢時，不知其爲夢也。夢之中……，謂夢中又有夢，覺而後乃知其爲夢也。且有大覺……，謂且有大覺，而後知此夢爲大夢也。知，當讀爲智。愚者自以爲覺，竊竊然智之，謂愚者尚在夢中，而自以爲覺，察察然自以爲智也。君乎，牧乎，固哉，謂愚者自以爲覺之知，不外入主出奴，未免固陋可笑也。丘也與汝，皆夢也，謂孔丘與汝，皆在夢中，尚未覺也。予謂汝夢，亦夢也，謂予言汝在夢中，亦在夢中而未覺也。是其言也，其名爲弔詭，謂予之此言，可名爲奇異之言。而一遇大聖知其解者，是旦暮遇之也，謂千秋萬世之後，而一遇大聖知解此奇異之言者，猶早晚遇之，極言解人難得一遇也。

(五)此下，仍爲莊子假託長梧子對瞿鵲子之言。文中我字，均爲長梧子自稱。我與若之若字及而字，均爲長梧子對稱瞿鵲子，猶言汝也。既使我與若辯矣……我果非也邪，謂既使我與汝對辯矣，如汝勝我敗，則汝果眞是也，我果眞非也邪？我勝若……而果非也邪，謂如我勝汝敗，則我果眞是也，汝果眞非也邪？其或是也，其或非也邪，謂我與汝各有所是也，抑各有所非也邪？其俱是也，其俱非也邪，謂我與汝之辯均是邪，抑均非也邪？黮闇，不明也。我與若不能相知也，則人固受其黮闇，吾誰使正之，謂我與汝各執一辭，爭辯不已，彼此皆不知對方之是，則第三者必因而茫然不明，請誰定吾人之是非乎？

(六)使同乎若者正之，既同乎若矣，惡能正之，謂請與汝意相同者正之，既與汝意相同矣，何能正之。使異乎我與若者正之，既異乎我與若矣，惡能正之，謂請與我及汝意均不相同者正之，既與我及汝意不相同矣，何能正之。使同乎我與若者正之，既同乎我與若矣，惡能正之，謂請與我及汝意均相同者正之，既與我及汝意均相同矣，何能正之。待彼之彼字，指下文「和之以天倪。」然則我與若與人俱不能相知也，而待彼也邪，謂依上說，則是非之對立，無人能相知而正之，惟有任其自然，而和之以天倪也。

(七)自化聲至窮年也二十五字，原在下文「不然也，亦無辯」之後，茲依呂惠卿說，乙於此。聲，謂心聲之言，化聲，謂變化之心聲，即是非之言。化聲之相待，若其不相待，謂是非之相對待，視若不相對待，而不爭辯也。天倪，與本篇上文之「天鈞」及寓言篇之「天均」同義，均謂自然之大道。和之以天倪，謂以自然之大道，融和是非之對待也。因之以曼衍，謂以支離無首尾之言，因是因非，而不介入是非之辯也。窮年，謂盡年。因自然之大道，任是非之兩行，而不介入爭辯，則可長享天年也。是不是，謂或以爲是，或以爲不是也。然不然，謂或以爲然，或以爲不然也。是若果是也，則是之異乎不是也，亦無辯，謂如若所謂是者果眞是，則是異於不是，自無須辯爭。然若果然也，則然之異乎不然也，亦無辯，謂如若所謂然者果眞然，則然異於不然，亦無須爭辯。忘年，忘義，振於無竟，謂忘生死，忘是非，而游心於無窮之境界也。寓，寄也。諸，之於也，指是非而言。故寓諸無竟，謂寄是非於無窮之境界，而不加爭辯也。

罔兩問景曰：「曩子行，今子止。曩子坐，今子起。何其無特操與！」景曰：「吾有待而然者邪？吾所待，又有待而然者邪？吾待蛇蚹蜩翼邪？惡識所以然，惡識所以不然！」㈠

校釋

㈠罔兩，與魍魎同字，謂山川之精物。景，讀爲影。罔兩問景，謂無形之精物，自問其影也。子，指影言。特操，猶言常軌。與，同歟。曩子行，今子止，曩子坐，今子起，何其無特操與，謂影之行止起坐，前後不定，何其無常軌也。吾有待而然者邪，謂影有待於形而定邪？吾所待，又有待而然者邪，謂影所待之形，又有所待而定邪？吾待蛇蚹蜩翼邪，謂影之所待，如蛇之待蚹（音付，足也。）而行，蜩之待翼而飛邪？以上三句，皆疑詞未定，故均以邪字結句。惡識所以然，惡識所以不然，謂萬物皆自然而然，並無所待，何從識其所以然，又何從識其所以不然乎！既不識其所以然與其所以不然，則是非不必辯矣。

昔者莊周夢爲胡蝶，栩栩然胡蝶也。自喻適志與，不知周也。俄然覺，則蘧蘧然周也。不知周之夢爲胡蝶與？胡蝶之夢爲周與？周與胡蝶，則必有分矣。此之謂物化。㈠

校釋

㈠昔者、王叔岷云：「按昔者，猶夜者，古人讀夜爲昔。」栩栩，當從釋文崔本作翩翩。翩翩，輕急而飛也。昔者莊周夢爲胡蝶，翩翩然胡蝶也，謂莊周夜夢爲胡蝶，輕急而飛也。與，同歟，猶乎也。自喻適志歟，不知周也，謂莊周自以爲能如輕急而飛之胡蝶，稱心滿意，而不自知爲周也。俄然，稍頃也。蘧，音渠。蘧蘧然，驚醒貌。俄然覺，則蘧蘧然周也，謂稍頃而覺，則驚醒者乃周也。不知周之夢爲胡蝶歟，胡蝶之夢爲周歟，謂此夢不知爲周夢爲胡蝶歟，抑胡蝶夢爲周歟？周與胡蝶則必有分矣，謂周與胡蝶雖本來有分而不同，然可互化爲一也。此之謂物化，謂周之化爲胡蝶與胡蝶之化爲周，卽物之自化也。萬物既皆自化而歸於齊一，則物我、是非與生死之別，自無須爭辯矣。

三、養生主

按養生主篇，爲一種自然養生論。養生主者，養生之主也，猶言養生之主旨也。或以「生主」二字連讀，而解爲眞君，似不合莊子原意。本篇所言養生之主旨，大要不外一切順其自然。「爲善無近名，爲惡無近刑，緣督以爲經」，言順自然以養生之常理也。「庖丁解牛，依乎天理，因其固然」，言順自然以養生之喻也。「秦失安時而處順，哀樂不能入」，言順自然以養生之例也。莊子以人之生死，爲一自然現象。如生而過樂，死而過哀，則皆違反自然，非養生之道。故篇末又以「薪盡火傳」之喩申說之。

吾生也有涯，而知也無涯。以有涯隨無涯，殆矣。已而爲知者，殆而已矣。爲善無近名，爲惡無近刑，緣督以爲經，可以保身，可以全生，可以養親，可以盡年。(一)

校釋

(一)吾，謂吾人。生，謂生命。也字，語助，無義。涯，同崖，猶言限也。知，謂知識。吾生也有涯，而知也無涯，謂吾人之生命有限，而知識則無限也。隨，猶言追求。殆，困殆也。以有涯隨無涯，殆矣，謂以有限之生命，追求無限之知識，則困殆矣。已，猶言如此，指「以有涯隨無涯」而言。爲知，猶言求知。已而爲知者殆而已矣，謂如此而求知者，則惟有困殆而已矣。自爲善至盡年二十七字，宜合爲一句讀。無，亦作无，猶言勿也。爲善無近名，謂勿爲近於好名之善行也。爲惡無近刑，謂勿爲近於犯法之惡行也。近名之善與近刑之惡皆不可爲，則養生惟有以順乎自然之中道爲常法耳。此之謂緣督以爲經。郭注云：「順中以爲常也。」按督本爲身後之中脈，此用爲喻詞，故郭注訓督爲中。生，讀爲性。養親之養字，讀去聲，謂奉養父母。盡年，與齊物論之「窮年」同義，謂長享天年。可以保身，可以全生……謂不爲近名之善，不爲近刑之惡，而以順乎自然之中道爲常法，則可以保全身體，可以保全天性，可以奉養父母，可以長享天年。養生之道，盡於是矣。

庖丁爲文惠君解牛，手之所觸，肩之所倚，足之所履，膝之所踦，砉然嚮。然奏刀騞然，莫不中音合於桑林之舞，乃中經首之會。文惠君曰：「譆，善哉，技蓋至此乎！」㈠庖丁釋刀對曰：「臣之所好者，道也，進乎技矣。始臣之解牛之時，所見無非牛者。三年之後，未嘗見全牛也。方今之時，臣以神遇，而不以目視。官知止，而神欲行，依乎天理。批大卻，導大窾，因其固然。技經肯綮之未嘗，而況大軱乎？㈡良庖，歲更刀，割也。族庖，月更刀，折也。今臣之刀，十九年矣，所解數千牛矣，而刀刃若新發於硎。彼節者有間，而刀刃者無厚。以無厚入有間，恢恢乎，其於遊刃必有餘地矣。是以十九年而刀刃若新發於硎。㈢雖然，每至於族，吾見其難爲，怵然爲戒，視爲止，行爲遲，動刀甚微。謋然已解，如土委地。提刀而立，爲之四顧，爲之躊躇滿志。善刀而藏之。」文惠君曰：「善哉，吾聞庖丁之言，得養生焉。」㈣

校釋

㈠庖，掌庖之官，丁，人名。文惠君，即梁惠王。解牛，謂宰牛而分解其骨肉也。履，踐也。踦，音畸。馬其昶曰：「膝之所踦，謂屈一足之膝以按之也。」砉，音畫。司馬彪云：「砉然，皮骨相離聲。」嚮，同響，謂聲響。舊注皆以嚮然二字連讀而絕句，似不恰。嚮字宜屬上句讀，然字，宜屬下句讀。上句謂庖丁解牛時，手之所觸，肩之所倚，足之所履，膝之所踦，皆有皮骨相離之聲響。下句謂其用刀解牛之聲，則無不合於音節，故須用一然字以轉語之。奏刀，猶言用刀。騞，呼獲反。騞然，謂用刀解牛之聲。中，讀去聲，下同。中音，謂符合音節。桑林，湯樂名。合於桑林之舞，謂奏刀解牛之聲音，合於桑林之舞樂也。經首，舊注多解爲咸池樂章名。惟王夫之解爲「牛之經脈有首尾」，似宜從之。乃中經首之會，謂刀解經脈首尾相接之處也。譆，同嘻，歎詞。蓋，疑辭。

㈡釋刀，謂放下解牛之刀。進乎技矣，謂超於解牛之技術。始，初也。所見無非牛者，謂初解牛時，所見者爲整體之牛，而非其骨肉之間隙也。未嘗見全牛也，謂既有解牛經驗之後，則所見者爲其骨肉之間隙，而非全牛也。方今，當今也。臣，庖丁自稱。臣以神遇而不以目視，謂庖丁解牛可以心領神會之法處理之，而不必以目視之也。官，謂人身之官體，如手足耳目之類。天理，謂天然之腠理。官知止而神欲行，依乎天理，謂依牛身之天然腠理而分解之，則用刀之手能知止其所當止，而心神亦能知行其可行也。批，猶言分開也。郤同隙。導，猶言開通也。窾，音款，孔也。固然，謂本來之狀。批大郤，導大窾，因其固然，謂依牛身本來之狀，用刀分開其大隙，開通其大孔也。技經，俞樾云：「技，疑枝之誤。枝經，猶經絡也。」肯，著骨肉也。綮，音啓。肯綮，著骨肉之結處也。軱，音孤，槃結骨。嘗，經歷也，猶言觸及也。枝經肯綮之未嘗，而況大軱乎，謂依乎天理，因其固然以解牛，則枝經肯綮亦未觸及，而況大骨乎！

㈢良庖，歲更刀，割也，謂優良之庖人，須一歲換一新刀者，由於以刀割肉也。折，謂以刀砍骨。族，衆也，猶言普通也。族庖月更刀折也，謂普通之庖人須一月換一新刀者，由於以刀斫骨也。發，猶言磨也。硎，音刑，磨刀之石。而刀刃若新發於硎，謂庖丁解牛，既不以刀割肉，亦不以刀斫骨，故其刀能用十九年，解牛數千，而其刃尚如新磨於石也。節，謂骨節。者，提示助詞，下同。有間，猶言有空隙。無厚，猶言極薄。恢恢乎，猶言大也。遊刃，謂活動刀刃。以無厚入有間，恢恢乎其於遊刃必有餘地矣，謂以極薄之刀刃，入於有空隙之骨節，則必大有活動之餘地矣。

㈣族，同簇，謂筋肉叢聚之處。每至於族，吾見其難爲，謂解牛每次至筋肉叢聚之處，則深感不易動刀也。怵然，恐懼貌。怵然爲戒……動刀甚微，謂見有筋肉叢聚之處，則恐懼戒愼，注目而視，徐徐進行，而動刀極輕也。謋，疑當讀爲磔，磔然，肢體分裂之貌。磔然已解，如土委地，謂牛之肢體已經分解，猶如棄土於地之易也。躊躇滿志，謂從容自得也。善，讀爲繕，修也，猶今言保養。藏，謂置刀於盒中以保養之。吾聞庖丁之言，得養生焉，謂吾聞庖丁解牛，依乎天理，因其固然之說，而得養生之道，在乎一切順其自然也。

公文軒見右師而驚，曰：「是何人也？惡乎介也！天與，其人與？」曰：「天也，非人也。天之生是使獨也，人之貌有與也。以是知其天也，非人也。」㈠

澤雉十步一啄，百步一飲，不蘄畜乎樊中，神雖王，不善也。㈡

校釋

㈠公文軒，宋人，姓公文，名軒。右師，樂官名。是何人也，猶言此何人也。是、指右師。惡，音烏。惡乎，歎詞，猶言嗚乎。介，謂刖一足。與，讀爲歟。其猶言抑也。天與，其人與，謂右師之只有一足，由於天歟，抑由於人歟？曰字，爲自答自問之辭。曰，天也，非人也，謂右師之只有一足，由於天也，非由於人也。是，猶之也，指右師而言。獨，謂一足。貌，謂形貌。與，謂兩足。天之生是使獨也，人之貌有與也，謂天生右師使其只有一足，而人之形貌則皆有兩足也。以是知其天也，非人也，謂因此知其由於天，而非由於人也。嚴復云：「分明是人，乃說是天，言養生安於無奈何之命。」

㈡澤雉，謂生長澤中之雉。啄，鳥啄食也。蘄，求也。畜，畜養也。樊，籠也。澤雉十步一啄，百步一飲，不蘄畜乎樊中，謂生長澤中之雉，一切順其自然，饑則十步一啄食，渴則百步一飲水，而不求畜養於籠中也。王，讀爲旺。不善，猶言不慣。神雖王，不善也，謂澤雉之精神雖旺，亦不慣於違反自然之籠中生活也。

老聃死，秦失弔之，三號而出。弟子曰：「非夫子之友邪？」曰：「然」。「然則弔焉若此，可乎？」曰：「然。始也吾以爲其人也，而今非也。向吾入而弔焉，有老者哭之，如哭其子；少者哭之，如哭其母。彼其所以會之，必有不蘄言而言，不蘄哭而哭者。是遁天倍情，忘其所受，古者謂之遁天之刑。適來，夫子時也。適去，夫子順也。安時而處順，哀樂不能入也。古者謂是帝之縣解。」㈠

指窮於爲薪火，傳也，不知其盡也。㈡

校釋

㈠老聃，即老子。失，亦作佚，音逸。弔，弔唁也。號，音豪，大呼也。三號而出，謂大呼三聲而走也。弟子，謂秦失之學生。夫子，指秦失。弔焉若此，猶言弔之若此。焉，猶之也，代名詞，指老聃言。下文「而弔焉」之焉字，同義。此，指三號而出。始也，始謂初時，也字語助無義。其人之其字，猶乃也。其可訓乃，詳見釋詞。始也吾以爲其人也，而今非也，謂初時吾以爲老聃乃人也，而今已物化，而非人也。彼，指老少哭者。彼其，猶言彼之，其字在此爲語助無義。會，謂相接。彼其所以會之……，謂老少哭者之所以與死者相接，必有不求言而言，不求哭而哭之人也。是，指哭者。遁，謂逃避。天，謂自然之天道。倍，當讀爲背，違背也。情，謂實情。忘其所受，謂忘人受形於天，有生亦有死也。

遁天之刑，謂爲死亡而哀慟，卽逃避天之處罰也。夫子，爲秦失對弟子自稱，猶言人也。適來，夫子時也，謂適逢生來，則人之時也。適去，夫子順也，謂適逢死去，則人之順乎自然也。安時而處順，哀樂不能入也，謂生時當安之而不樂，死時當順之而不哀也。帝，天也。縣，讀爲懸，繫也。生爲天所繫，死則不爲天所繫，此之謂帝之縣解。

(二)按指字，疑當讀爲脂。脂謂脂膏，可用以燃燒。舊注均以指爲手指，似不恰。窮謂燒盡也。爲字，俞樾訓爲取，雖較郭注可通，但不如仍作常義解。郭注於薪字絕句，茲依崔注於火字絕句。釋文，崔云：「薪火，爝火也。」傳，轉也，猶言化也。盡，謂消滅也。此文，猶謂以脂膏爲薪火而燒盡，乃一種轉化，非消滅也。此喩人由生而死，亦不過一種轉化，不必悲也。如此解釋，始與上文「安時處順」之說相應。

四、人間世

按人間世篇，爲一種亂世處世論。人間世者，人間之世也。莊子所生之世爲亂世，所言之人間爲暴君統治之人間。亂世對於暴君宜如何自處自全，此本篇所詳言者。首言進言、傳言之方法，次言進身、保身之方法，最後反復申言亂世以無用之用爲可貴。要之，不外謂非不得已，則宜不進言，不進身。強求進言進身，則不如安於無用，尚可免刑。故本篇之大旨，在言亂世明哲保身之術。

顏回見仲尼請行。曰：「奚之？」曰：「將之衛。」曰：「奚爲焉？」曰：「回聞衛君，其年壯，其行獨。輕用其國，而不見其過。輕用民死，死者以國量乎？澤若蕉，民其無如矣。回嘗聞之夫子曰，治國去之，亂國就之。醫門多疾。願以所聞思其則，庶幾其國有瘳乎！」(一)仲尼曰：「譆，若殆往而刑耳。夫道不欲雜，雜則多，多則擾，擾則憂，憂而不救。古之至人，先存諸己，而後求諸人。所存於己者未定，何暇至於暴人之所行！且若亦知夫德之所蕩，而智之所爲出乎哉？德蕩乎名，智出乎爭。名也者，相軋也。智也者，爭之器也。二者，凶器，非所以盡行也。㈡　且德厚信矼，未達人氣，名聞不爭，未達人心，而彊以仁義繩墨之言，術暴人之前者，是以人惡有其美也，命之曰菑人。菑人者，人必反菑之。若殆爲人菑夫！㈢　且苟爲悅賢而惡不肖，惡用而求有以異？若唯無詔，王公必將乘人而鬬其捷。而目將熒之，而色將平之，口將營之，容將形之，心且成之。是以火救火，以水救水，名之曰益多，順始無窮。若殆以不信厚言，必死於暴人之前矣。㈣　且昔者桀殺關龍逢，紂殺王子比干，是皆修其身，以下傴拊人之民，以下拂其上者也。故其君因其修以擠之。是好名者也。昔者堯攻叢枝、胥敖，禹攻有扈，國爲虛厲，身爲刑戮。其用兵不止，其求實無已。是皆求名實者也。而獨不聞之乎？名實者，聖人之所不能勝也，而況若乎！雖然，若必有以也，嘗以語我來！」㈤　顏回曰：「端而虛，勉而一，則可乎？」曰：「惡，惡可！夫以陽爲充，孔揚。采色不定，常人之所不違。因案人之所感，以求容與其心。名之曰日漸之德不成，而況大德乎！將執而不化，外合而內不訾，其庸詎可乎？」㈥「然則我內直而外曲，成而上比。內直者，與天爲徒。與天爲徒者，知天子之與己，皆天之所子，而獨以己言蘄乎而人善之，蘄乎而人不善之邪？若然者，人謂之童子。是之謂與天爲徒。外曲者，與人之爲徒也。擎跽曲拳，人臣之禮也。人皆為之，吾敢不為邪？為人之所為者，人亦無疵焉。是之謂與人為徒。成而上比者，與古為徒。其言雖教讁之，實也，古之有也，非吾有也。若然者，雖直不為病。是之謂與古為徒。若是則可乎？」(七)仲尼曰：「惡，惡可！大多政法而不諜，雖固亦無罪。雖然，止是耳矣夫，胡可以及化？猶師心者也。」顏回曰：「吾無以進矣，敢問其方。」仲尼曰：「齋，吾將語若。有心而為之，其易邪？易之者，皞天不宜。」顏回曰：「回之家貧，唯不飲酒，不茹葷者，數月矣。若此，則可以為齋乎？」曰：「是祭祀之齋，非心齋也。」回曰：「敢問心齋？」仲尼曰：「一若志。無聽之以耳，而聽之以心。無聽之以心，而聽之以氣。耳止於聽，心止於符。氣也者，虛而待物者也。唯道集虛，虛者，心齋也。」(八)顏回曰：「回之未始得使，實有回也。得使之也，未始有回也，可謂虛乎？」夫子曰：「盡矣。吾語若。若能入遊其樊，而無感其名。入則鳴，不入則止。無門、無毒，一宅而寓於不得已，則幾矣。絕跡易，無行地難。為人使，易以偽。為天使，難以偽。聞以有翼飛者矣，未聞以無翼飛者也。聞以有知知者矣，未聞以無知知者也。瞻彼闋者，虛室生白，吉祥止之。夫且不止，是之謂坐馳。夫徇耳目內通，而外於心智，鬼神將來舍，而況人乎！是萬物之化也，禹舜之所紐也，伏戲几蘧之所

行終，而況散焉者乎！」──(九)

校　釋

(一)請行，猶言辭行。曰，奚之，謂仲尼問顏回何往。曰，將之衛，謂顏回答曰將往衛國。奚為焉，猶言何事乎。焉可訓乎，詳見釋詞。其行獨，謂衛君獨斷專行，不與民同欲也。輕用其國，而不見其過，謂任意使用國力於戰爭與土木，而不自知其有過也。輕用民死，謂任意使用國力於戰爭與土木，則人民惟有死路一條而已。量，計也。死者以國量乎，謂死者以全國計算，可能甚多也。蕉，讀為焦。其，猶言將也。如，猶言往也。澤若焦，民其無如矣，謂草澤如焦土，民將無所歸往矣。醫門多疾，謂孔子如良醫，能醫各種病患也。願以所聞思其則，謂願以所聞於夫子者，而思量救治之法也。瘳，音抽，病癒也。有瘳，猶言有救也。

(二)譆，同嘻，歎詞。若，猶汝也，孔子稱顏回。殆，近也，幾也，猶今言只是也。若殆往而刑耳，謂汝只是往衛受刑而已。憂而不救，猶言憂則無救也。諸，猶言之於也。求字，原作存，茲依武延緒說改。若，汝也。夫，指示形容詞，猶彼也。智字，原作知。釋文云：「知，音智。下同。」茲依釋文音讀改為智，以便讀。而字，為等立連詞，猶與也。且若亦知夫德之所蕩，而智之所爲出乎哉，猶言且汝亦知夫德行之所以動搖與智巧之所以出生乎哉。德蕩乎名，智出乎爭，謂德行動搖於好名，智巧出生於好爭也。軋，傾軋也。名也者，相軋也，謂名之所在，則彼此互相傾軋也。智也者，爭之器也，謂智巧爲爭勝之具也。二者凶器，非所以盡行也，謂名與智二者均爲凶器，非完成德行之道也。

㈢矼，音剛，猶言堅也。德厚信矼，未達人氣，謂吾德之厚與吾信之堅，尚未爲人所了解也。名聞不爭，未達人心，謂吾不爭名，亦尚未爲人所了解也。彊，同強，勉強也。衒字，各舊本多作術，茲依陳景元莊子闕誤引江南古藏本。衒，與炫通，自矜也。惡，讀去聲，厭惡也。美，猶言善也，指仁義繩墨之言。菑，傷也，害也。菑人者，人必反菑之，猶言傷人者，人必報復之。若，汝也。夫字，語末助詞，猶乎也。若殆爲人菑夫，謂汝只是爲人所傷乎！

㈣且苟爲悅賢而惡不肖，惡用而求有以異，猶言如衞君悅賢而惡不肖，則何須汝求有所不同乎？若唯無詔，王公必將乘人而鬬其捷，謂汝唯有不言，言則王公必乘之而鬬其捷辯也。而目將熒之，謂汝目將爲之熒惑。而色將平之，謂汝色將爲之和順。口將營之，謂汝口將爲之解說。容將形之，謂汝貌將爲之形容。心且成之，謂汝心亦贊成之。順始無窮，謂順從乃無所不用其極也。不信，謂不見信。厚言，謂多言。若殆以不信厚言……，謂汝不見信於人而多言，則必死於暴君之前矣。

㈤是，猶此也，指上文而言，下文兩是字同義。拊，同撫，傴撫，猶憐愛也。以下傴拊人之民，謂以臣下憐愛人君之民也。拂，違也。以下拂其上者也，謂關龍逢王子比干皆以臣下而違反其君上者也。擠，謂排去也。叢枝、胥敖、有扈，皆古國名。國爲虛厲，身爲刑戮，謂叢枝、胥敖、有扈爲舜禹所攻，致國破身死也。李頤云：「居宅無人曰虛，死而無後爲厲。」兩其字，均指舜禹而言。實，猶言利也、得也。其用兵不止，其求實無已，謂舜禹之所以用兵不已，以其求有所得而不知止也。而獨不聞之乎，謂汝獨不聞舜禹亦求名求得乎。名實者，聖人之所不能勝也，而況若乎，謂求名求得之事，聖人之所不能免者，而況汝乎。嘗，試也。來，語末助詞，無義。若必有以也，嘗以語我來，謂汝必有所說之，試以告我。

㈥端而虛，勉而一，則可乎，謂正身虛心，勉力專一以進言，則可乎？惡，音烏。上惡字，否定歎詞。下惡字，猶言何也。惡可，猶言何可也。夫以陽爲充，孔揚，謂衛君以亢陽之性爲已足，則意氣高揚，不肯納諫也。采色不定，常人之所不違，謂衛君喜怒無常，常人不敢犯顏極諫也。案，同按，猶言依從。與，猶言於也。因案人之所感，以求容與其心，謂既不能犯顏極諫，乃依從人君之意向，以求容於其心也。日漸之德，謂日日漸漬之以德也。名之曰日漸之德不成，而況大德乎，謂迎合意旨，尚不能謂爲輔成小德，何能輔成大德乎。將執而不化，謂人君將固執己見，自以爲是也。訾，病也。外合而內不訾，謂貌合而內心不以爲病也。其，猶此也，指執而不化，外合而內不訾言。庸詎，猶言何也。其庸詎可乎，謂此何可乎。

(七)內直而外曲，謂內心正直，而言容恭敬也。成而上比，謂上比古人以輔成之。徒，謂友也。蘄，求也。而人，謂汝之聽言者。而獨以己言蘄乎而人善之，蘄乎而人不善之邪，謂不求聽言者以己言爲善或不善也。童子，謂與天爲徒者之言，毫無機心，如童子之天眞也。擎跽，音鯨忌，謂長跪。曲拳，謂拱手。古代以長跪拱手爲臣見君之禮。無疵焉，猶言不病之。讁，音責，責也。其言雖教讁之，實也，謂與古爲徒者之言，雖有諷諫之意，然爲史實也。

(八)大、讀爲太。諜與喋通，謂多言。大多政法而不諜，雖固亦無罪，謂有正人之法甚多，而不喋喋不休，雖固執亦不見罪於人也。是，指上文雖固亦無罪言。夫字，爲語末感歎助詞，宜屬上句讀。胡，何也。化字，與固執對言，謂變通。師心，謂以成見爲師。由雖然至師心者也十七字，宜合爲一句讀，謂此不過固執無罪而已矣，猶以成見爲師，何如變而通之。齋，本亦作齊，同義，謂虔誠，非謂素食。吾將語若，謂吾將告汝。有心之心字，各舊本無，茲依陳景元莊子闕誤補。其字，爲擬議之辭。易爲難易之易。有心而爲之，其易邪，謂有心爲之，未必易爲也。皞天，亦謂天也。易之者，皞天不宜，謂以有心而爲之爲易者，則不免違天也。茹葷，食肉也。祭祀之齋，謂祭祀前之素食。一若志，各舊本多作若一志，茲從陸西星本。一若志，謂專一汝之心志也。無聽之以耳，而聽之以心，謂勿以耳聽，而以心聽也。無聽之以心，而聽之以氣，謂勿以心聽，而以氣聽也。氣無定形，以喻心無成見。故聽之以氣，即謂虛心而聽也。耳止於聽，原作聽止於耳，茲依俞樾說校乙。耳止於聽，謂耳之爲用，不過聽聞而已。符，謂印象。心止於符，謂心之所感，不過印象而已。氣也者，虛而待物者也，謂所謂氣者，乃以虛心應物也。唯道集虛，謂大道只存於虛心也。虛者，心齋也，謂虛心即上文所謂心齋也。

(九)使，用也。實字，爲同動詞，猶是也。實有之有字，原作自，茲依奚侗說校改。回之未始得使，實有回也，謂回之未曾得用，是回有我見也。得使之也，未始有回也，可謂虛乎，謂未曾有我見而得用，可謂之虛心乎。樊，籠也，猶言國也。而，猶則也。感，當讀爲撼，動搖也。若能入遊其樊，而無感其名，謂如能入遊其國，則勿動搖其名聲也。入則鳴，不入則止，謂能入遊則言，不能入遊則不言也。無門，謂不由門路營求也。毒，當讀爲纛，音道，古代官吏儀從之大旗。無纛，謂不用旗幟招搖也。一宅而寓於不得已，則幾矣，謂一心無他意，惟以當權者之敦促，不得已而進身，則可矣。絕跡易，無行地難，謂不行則無跡易，行則無跡難也。僞，謂人爲，非謂詐僞。爲人使，易以僞，謂爲人所使，則易以人爲，如下文所謂「以有翼飛者」及「以有知知者」之類是也。爲天使，難以僞，謂爲天所使，則難以人爲，如下文所謂「以無翼飛者」及「以無知知者」之類是也。闋者，謂牆戶有空之處，即窗牖也。虛室，謂空室，以喻虛心。生白，謂爲日光所照。止之，各舊本作止止，茲依奚侗說校改。瞻彼闋者，虛室生白，吉祥止之十二字，宜合爲一句讀，謂試觀彼窗牖，則見空室有日照之白光，爲吉祥之所集也。夫，猶此也，指有光之虛室而言。坐馳，謂心猿意馬，雖坐猶馳也。夫且，猶言此尚也，此指虛言。夫且不止，是之謂坐馳，謂心尚不止於虛，則如坐而馳也。夫，發語助詞。徇，同循，猶由也，以也。外，猶忘也，不用也。心智，各舊本作心知，茲依釋文音讀改。夫徇耳目內通，而外於心智，謂以耳目自聞自見，而不用心智於對人也。鬼神將來舍，而況人乎，宜與上兩小句合爲一句讀，謂不用心智對人者，則雖鬼神亦將來依，而況人乎？是，猶此也，指上文夫徇耳目內通，而外於心智之道而言。是字，貫至下文散焉者乎爲一句。紐，維繫也。几蘧，古帝王名。行終，謂行之終身。散，與散木散人之散同義。散焉者，謂散然之人，猶言衆人。是萬物之化也……猶謂此道乃萬物之所以化也，禹舜之所以維繫也，伏戲、几蘧之所以終身行之也，而況衆人乎！

葉公子高將使於齊，問於仲尼，曰：「王使諸梁也甚重。齊之待使者，蓋將甚敬而不急。匹夫猶未可動也，而況諸侯乎！吾甚慄之。子嘗語諸梁也，曰：凡事若小若大，寡不道以懽成。事若不成，則必有人道之患。事若成，則必有陰陽之患。若成若不成，而後無患者，唯有德者能之。吾食也，執粗而不臧。爨，無欲凊之人。今吾朝受命而夕飲冰，我其內熱與！吾未至乎事之情，而既有陰陽之患矣。事若不成，必有人道之患。是兩也，爲人臣者不足以任之。子其有以語我來。」㈠仲尼曰：「天下有大戒二：其一、命也；其一、義也。子之愛親，命也，不可解於心。臣之事君，義也，無適而非君也，無所逃於天地之間。是之謂大戒。是以夫事其親者，不擇地而安之，孝之至也。夫事其君者，不擇事而安之，忠之盛也。自事其心者，哀樂不易施乎前。知其不可奈何，而安之若命，德之至也。爲人臣子者，固有所不得已行事之情，而忘其身，何暇至於悅生而惡死夫！子其行，可矣。㈡丘請復以所聞。凡交近則必相靡以信，遠則必忠之以言。言必或傳之。夫傳兩喜兩怒之言，天下之難者也。夫兩喜必多溢美之言，兩怒必多溢惡之言。凡溢之類妄，妄則其信之也莫，莫則傳言者殃。故法言曰：傳其常情，無傳其溢言，則幾乎全。㈢且以巧鬬力者，始乎陽，常卒乎陰，大至則多奇巧。以禮飲酒者，始乎治，常卒乎亂，大至則多奇樂。凡事亦然，始乎諒，常卒乎鄙。其作始也簡，其將畢也必巨。言者，風波也。行者，實喪也。夫風波易以動，實喪易以危。故忿設無由，巧言偏辭。獸死不擇音，氣息茀然。於是並生心厲。剋核太至，則必有不肖之心應之，而不知其然也。苟爲不知其然也，孰知其所終！故法言曰：無遷令，無勸成。過度，益也。遷令，勸成，殆事。美成在久，惡成不及改，可不愼與！且夫乘物以遊心，託不得已以養中，至矣。何作爲報也？莫若爲致命，此其難者。」㈣

校釋

㈠葉公，楚國葉縣尹，僭稱公，姓沈，名諸梁，字子高。使於齊，謂爲楚出使於齊也。王使諸梁也甚重，謂楚王極重使齊之任務而用諸梁也。蓋字，爲傳疑副詞。蓋將甚敬而不急，謂齊接待使者，蓋將優禮有加，而不急於應楚之求也。匹夫、庶人，猶今言老百姓。慄，恐懼也。子，對人尊稱，此指孔子言。子嘗語諸梁也，謂孔子曾告葉公也。若，猶或也。寡，鮮也。不道，不由也。懼字，各舊本原作懽，茲依上下文意改爲懼，與論語臨事而懼之懼字同義。凡事若小若大，寡不道以懼成，謂凡事或小或大，鮮不由戒愼恐懼而成也。事若不成，則必有人道之患，謂事如不成，則必有得罪之患也。事若成，則必有陰陽之患，謂事如成，則憂喜交集，陰陽失調，必有得病之患也。若成若不成，而後無患者，唯有德者能之，謂事或成或不成，而後皆無患者，唯有德者能之。執粗而不臧，宣穎云：「甘守粗糲，不求精善。」淸，涼也。爨無欲淸之人，謂飲食甚簡，非欲涼而不用大火炊也。其，猶殆也。與，讀爲歟，猶乎也。今吾朝受命而夕飲冰，我其內熱與，謂今吾朝受使齊之命，而夕卽欲飲冰，我殆內有熱病乎！事，謂使事。情，猶言實也。吾未至乎事之情，而旣有陰陽之患矣，猶謂吾尙未實行出使，而已有得病之患矣。是，猶此也。兩，指陰陽之患及人道之患。也，猶者也。兩也，爲人臣者不足以任之，謂此兩者，非人臣所能勝任也。其，猶尙也。子其有以語我來，謂子尙有以告我也。

(二)大戒，謂人生不可違背之大法。命，爲先天之大法，如子之愛親，不可解脫者也。義爲後天之大法，如臣之事君，無往而非君，不可逃避者也。夫事，猶言凡事也。忠之盛也，猶言忠之至也。施，與弛通。易施爲同義字，謂改變也。自事其心者，哀樂不易施乎前，謂自養其心者，不以哀樂而有所改變也。知其不可奈何，而安之若命，德之至也，謂知事無可奈何，則樂天安命，任其自然，德之至也。而，猶則也。夫，猶乎也，宜屬上讀，絕句。爲人臣子者，固有……，謂爲人臣或子者，本有不得已而爲之事，則當竭力爲之，何暇至於悅生而惡死乎！子，孔子尊稱葉公。其，擬議之辭。子其行，可矣，謂汝可以往矣。唐順之云：「知命不可逃，則無陰陽之患。知傳言有法，則無人道之患。」

㈢交，謂人與人之交接。靡，王敔云：「同縻，維繫也」。凡交，近則必相靡以信，遠則必忠之以言，謂凡人與人之交接，相距近者必相維以信，相距遠者則必忠之以言也。言必或傳之，謂遠道之言，必有人傳達之也。夫傳兩喜兩怒之言，天下之難者也，謂凡傳達兩方皆喜或皆怒之言，天下之難事也。夫兩喜必多溢美之言，兩怒必多溢惡之言，謂兩方皆喜必多過美之言，兩方皆怒必多過惡之言也。凡溢之類妄，謂凡過度之言，無論美惡，皆不實也。莫，不也。妄則其信之也莫，謂不實之言，則人不信之也。莫則傳言者殃，謂人不信不實之言，則傳言者遭殃矣。法言，謂古來相傳之格言。傳其常情，無傳其溢言，則幾乎全，謂傳其正常之情，勿傳其過度之言，則近於全矣。

㈣始乎陽，常卒乎陰，大至則多奇巧，謂以巧鬭力者，始於明鬭，而常終於陰謀，陰謀至極，則多奇巧，而對方不及防也。始乎治，常卒乎亂，大至則多奇樂，謂以禮飲酒者，始於有秩序，而常終於無程序，無秩序至極，則多奇樂，而不可言狀也。始乎諒，常卒乎鄙，謂凡事亦始於信諒，而常終於鄙吝也。兪樾謂諒字爲都字之誤，與鄙字相對爲文。按都鄙亦含有美惡之意。其作始也簡，其將畢也必巨，謂事之創始雖簡，而結局必大也。言者，風波也，謂言之出口，有風波也。行者、實喪也，謂行之於事，有得失也。風波易以動，謂風波易於動也。實喪易以危，謂得失易於危也，偏辭，一偏之辭。忿設無由，巧言偏辭，郭注云：「忿怒之作，無他由也，常由巧言過實，偏辭失當。」茀與艴通，怒也。獸死不擇音，氣息茀然，謂如獸之將死，大怒大吼，而不擇其聲音也。並生心厲，謂惡心併發也。剋核太至，則必有不肖之心應之，而不知其然也，謂對人太剋，則人亦必以不肖之心相應，而不知其所以然也。苟爲不知其然也，孰知其所終，謂如彼此均以不肖之心相待，而不自知其所以然，則相激相盪，無人能知其所屆矣。無遷令，謂照傳使命，勿更改也。無勸成，謂和戰宜由國君自定，勿勸和也。過度、益也，謂過度之言，多餘之事也。遷令，勸成，殆事，謂改令，勸和，危事也。美成在久，惡成不及改，可不愼與，謂美事之成須歷時甚久，而惡事一成則不及改，可不謹愼歟。乘物以遊心，託不得已以養中，至矣，謂因物付物，一切寄託於不得已以養心，德之至也。作，當讀爲乍，忽也，猝也。報，返國報命也。何作爲報也，謂何可忽促返國報命也。莫若爲致命，謂不如盡力完成使命也。此其難者，謂完成使命乃難事也。

顏闔將傅衞靈公太子，而問於蘧伯玉，曰：「有人於此，其德天殺。與之爲無方，則危吾國。與之爲有方，則危吾身。其智適足以知人之過，而不知其所以過。若然者，吾奈之何？」㈠蘧伯玉曰：「善哉，問乎！戒之，慎之，正汝身哉！形莫若就，心莫若和。雖然，之二者有患。就不欲入，和不欲出。形就而入，且爲顚，爲滅，爲崩，爲蹶。心和而出，且爲聲，爲名，爲妖，爲孽。彼且爲嬰兒，亦與之爲嬰兒。彼且爲無町畦，亦與之爲無町畦。彼且爲無崖，亦與之爲無崖，達之入於無疵。㈡汝不知夫螳蜋乎？怒其臂以當車轍，不知其不勝任也。是其才之美者也。戒之，慎之，積伐而美者以犯之，幾矣。汝不知夫養虎者乎？不敢以生物與之，爲其殺之之怒也。不敢以全物與之，爲其決之之怒也。時其飢飽，達其怒心。虎之與人異類，而媚養己者，順也。故其殺者，逆也。㈢夫愛馬者，以筐盛矢，以蜄盛溺。適有蚉寅僕緣，而拊之不時，則缺銜、毀首、碎胸。意有所至，而愛有所亡，可不慎邪！」㈣

校釋

㈠顏闔，魯賢人。太子，指蒯聵。蘧伯玉，衛大夫。德字，有時兼言善惡，如惡德，穢德亦謂之德。其德天殺，謂衛靈公之德甚惡，應遭天誅也。方，猶言道也。與之爲無方，則危吾國，謂順從無道之君亂爲，則吾國危也。與之爲有方，則危吾身，謂反抗無道之君亂爲，則吾身危也。智字，原作知，茲依釋文音讀改爲智，以便讀。適，猶言僅也。其智適足以知人之過，而不知其所以過，謂其智僅足以知人之過而責人，而不知人之所以過，實由於己也。若然者，吾奈之何，謂如此之君，吾將奈之何？

(二)汝，原作女，茲爲便讀改爲汝。正汝身哉，謂正汝之身也。形莫若就，心莫若和，謂外形莫如遷就，內心莫如協和也。之，猶此也，指就與和而言。之二者有患，謂就與和無限度，則有禍患也。就不欲入，和不欲出，謂遷就而不可深入，協和而不可突出也。形就而入，且爲顚、爲滅、爲崩、爲蹶，謂外形遷就而深入，則將隨之顚覆、滅亡、崩潰、跌蹶，而不能自保也。心和而出，且爲聲、爲名、爲妖、爲孽，謂內心協和而突出，則將有聲譽、功名、妖怪、罪孽之譏，而見忌也。彼且爲嬰兒，亦與之爲嬰兒，謂彼若如嬰兒之無知無識，亦與之如嬰兒之無知無識。町畦，音丁携，畔埒也，猶謂威儀也。彼且爲無町畦，亦與之爲無町畦，謂彼若無威儀，亦與之無威儀也。崖，崖岸，猶言等級。彼且爲無崖，亦與之爲無崖，謂彼若無等級，亦與之無等級也。達之入於無疵，謂溝通情意，使無隔閡也。

(三)螳蜋，亦作螳螂，蟲名。怒其臂以當車轍，不知其不勝任也，謂螳螂奮臂以當車轍，而不知其將爲車所輾死也。是，猶此也，指螂臂當車而言。是其才之美者也，謂螂臂當車，乃以其才之美也。積，猶言屢也。伐，誇也。而，汝也。幾，危也。積伐而美者以犯之，幾矣，謂屢屢自誇汝美，以犯君怒者，危矣。爲，讀去聲，因也。生物，謂未殺死之物。不敢以生物與之，爲其殺之之怒也，謂養虎者因恐虎殺生物而怒，不敢以生物飼之。全物，謂未分割之物。決，分也。不敢以全物與之，爲其決之之怒也，謂養虎者因恐虎分全物而怒，不敢以全物飼之。時其飢飽，達其怒心，謂按時飼養，使其不至因飢而怒也。虎之與人異類，而媚養己者，順也，謂虎與人不同類，然愛養虎者，以人順其意也。故其殺者逆也，謂虎之所以傷人者，以人逆其意也。

(四)盛，音成，猶言裝也。矢，同屎。蜄，音腎，蛤類。溺，溲也。夫愛馬者，以筐盛矢，以蜄盛溺，謂愛馬者以竹筐裝馬屎，以蜄器裝馬尿也。僕，附也。緣，着也。拊，同撫，謂以手拍也。適有蚉蝱僕緣，而拊之不時，則缺銜，毀首，碎胸，謂適有蚉蝱附着馬體吸血，如拍馬體出其不意，則馬必驚跳，至於斷銜，毀首，碎胸而傷人也。亡，當讀爲忘。意有所至，而愛有所亡，可不愼邪，謂馬意注於蚉蝱吸血，則忘愛馬者之愛之，可不愼乎？

匠石之齊，至乎曲轅，見櫟社樹。其大蔽牛，絜之百圍。其高，臨山十仞而後有枝。其可以爲舟者，旁十數。觀者如市，匠伯不顧，遂行不輟。弟子厭觀之，走及匠石，曰：「自吾執斧斤以隨夫子，未嘗見材如此其美也。先生不肯視，行不輟，何邪？」曰：「已矣，勿言之矣。散木也，以爲舟則沉，以爲棺槨則速腐，以爲器則速毀，以爲門戶則液樠，以爲柱則蠹。是不材之木也，無所可用，故能若是之壽。」㈠匠石歸，櫟社見夢曰：「汝將惡乎比予哉？若將比予於文木邪？夫柤、梨、橘、柚、果蓏之屬，實熟則剝，則辱。大枝折，小枝泄，此以其能苦其生者也。故不終其天年，而中道夭，自掊擊於世俗者也。物莫不若是。且予求無所可用，久矣。幾死，乃今得之，爲予大用。使予也而有用，且得有此大也邪？且也，若與予也皆物也，奈何哉其相物也！而幾死之散人，又惡知散木？」㈡匠石覺而診其夢。弟子曰：「趣取無用，則爲社何邪？」曰：「密，若無言。彼亦直寄焉，以爲不知己者詬厲也。不爲社者，且幾有翦乎？且也，彼其所保與眾異，而以義譽之，不亦遠乎！」㈢

校釋

㈠匠石，工匠，名石。之齊，赴齊也。曲轅，地名。櫟，音歷，樹名。社，祭地神之所。櫟社，社名，以社旁有櫟樹而得名。其大蔽牛，謂櫟樹之大，可以蓋牛而不能見也。絜，度也。圍，圓周一尺。百圍，極言其大也。仞，或謂爲八尺，或謂爲四尺。十仞，極言其高也。旁，讀爲傍，猶言近也，約也。數，讀上聲，計也。旁十數，謂櫟樹之枝可以爲舟者，約計有十餘也。觀者如市，謂觀櫟樹者之多，如市人之群集也。匠伯，工匠之長也。輟，止也。厭觀，飽觀也。斧斤，謂工匠所用之斧與刀。其，猶之也。未嘗見材如此其美也，猶言未曾見材如櫟樹之美者也。散木，謂不成器之木。櫟樹不能爲舟、棺槨、器、門戶與柱，故稱之爲散木。樠，疑當讀滿。液滿，謂木液多也。章炳麟云：「樠，借爲漫」，亦可通。是，猶此也，指櫟樹而言。是不材之木，無所可用，故能若是之壽，猶言此不材之木，無所可用，故能生長如此之久也。

(二)見，讀爲現。現夢，猶言託夢，謂櫟社出現於匠石之夢中也。汝字，原作女，茲依釋文音讀改。惡，音烏，猶何也。汝將惡乎比予哉，謂汝將何以比予哉。若，猶汝也。文木，與散木對言，謂有用之木。若將比予於文木邪，謂汝將比予爲有用之文木乎？柤，音渣。柤、梨、橘、柚，均爲果樹名。果蓏，木實爲果，草實爲蓏。屬，猶言類也。剝，落也。辱，衄也，猶言敗也，爛也。實熟則剝，則辱，謂果蓏熟則落，則爛也。泄，俞樾云：「泄、抴之借字，謂牽引也。」大枝折，小枝泄，此以其能苦其生者也，謂文木之大枝爲人所折，小枝爲人所牽引，此以其有用而自苦其生者也。天年，謂自然之年壽。中道夭，謂中途夭折也。幾死，近死也。幾死，乃今得之，爲予大用，謂吾幾死，乃得以無用爲大用也。使予也而有用，且得有此大也邪，謂假使予有用，尙得有如此之大乎。且，又也。若，汝也。相，讀如相馬，相人之相，謂品評也。此句謂又汝與予皆物也，何能以物品評物也。而幾死之散人，又惡知散木，謂汝爲近死之散人，又何知散木乎？

㈡匠石覺而診其夢，謂匠石覺醒後而占其夢之吉凶也。弟子曰，趣取無用，則爲社何邪，謂匠石之徒弟問曰，櫟社以無用爲旨趣，則何爲立社也。曰，密，若無言，謂匠石答曰：默，汝勿言。彼，指櫟樹言。直，但也，猶今言不過也。焉，猶言之也，指社言。詬厲，詬病，猶言指責也。彼亦直寄焉，以爲不知己者詬厲也，謂櫟樹不過寄託於社，以爲世之不知己者指責之而已。且幾，猶言又豈也。不爲社者，且幾有翦乎，謂櫟樹無用，縱不爲社，又豈有翦伐之患乎。彼其所保與衆異，謂櫟樹所保有者與衆不同也。以義譽之，錢穆云：「猶云以常理論之。」

南伯子綦遊乎商之丘，見大木焉，有異。結駟千乘，隱將芘其所藾。子綦曰：「此何木也哉？此必有異材夫！」仰而視其細枝，則拳曲而不可以爲棟梁。俯而視其大根，則軸解而不可以爲棺槨。咶其葉，則口爛而爲傷。嗅之，則使人狂酲三日而不已。子綦曰：「此果不材之木也，以至於此其大也。嗟乎，神人以此不材！」㈠宋有荆氏者，宜楸、柏、桑。其拱把而上者，求狙猴之杙者斬之。三圍、四圍，求高名之麗者斬之。七圍、八圍，貴人、富商之家求樿傍者斬之。故未終其天年，而中道之夭於斧斤，此材之患也。故解之以牛之白顙者，與豚之亢鼻者，與人有痔病者，不可以適河。此皆巫祝以知之矣。所以爲不祥也。此乃神人之所以爲大祥也。㈡

校釋

㈠南伯，即南郭。丘，山丘也。見大木焉有異，謂見大木而驚奇也。駟，謂一車四馬。結駟千乘，謂集合四馬之車千輛。隱，謂隱藏樹下歇陰。芘，同庇。藾，音賴，蔭也。此句謂大木可蔭千乘，極言其大也。拳曲，謂木枝如拳之曲也。軸解，謂木心分裂也。咶，謂以舌嘗之。嗅，謂以鼻嗅之。酲，音呈，酒醉也。狂酲，謂大醉如狂也。以至於此其大也，猶言以至如此之大也。神人以此不材，謂大木既以不材而大，可推知神人亦以不材而神也。

㈡宋，國名。荊氏，地名。宜楸、柏、桑，謂宜植此三樹也。拱把，兩手圍爲拱，一手握爲把。而上，猶言以上。杙，音弋，小木樁。其拱把而上者，求狙猴之杙者斬之，謂其樹大至拱把以上者，則求猴栖之木樁者斬之。圍，一尺也。名，郭慶藩云：「大也。」麗，吳汝綸云：「與欐同。」按欐即棟梁。三圍、四圍，求高名之麗者斬之，謂樹大至三圍四圍者，則求高大之棟梁者斬之。樿，亦作擅，二字通。朱桂曜云：「說文，擅，專也。木大者以一木板爲棺之一邊，故謂之樿傍。」七圍、八圍，求樿傍者斬之，謂樹大至七圍八圍者，則求棺之一邊爲一整板者斬之。解之之解，謂祭神求福解罪，此作名詞用。之字，語助無義。以，動詞，用也。白顙，白額也。亢鼻，高鼻也。適河，謂沉於河也。古代祭河神求福者，用牛，或豚，或人沉於河，以饗河神，而解衆人之罪。白額之牛，高鼻之豚與痔疾之人，皆不可以祭河神，故不用也。巫祝，謂祭神祝福之巫人。以，同已。此皆巫祝以知之矣，謂祭河神不可用白額牛，高鼻豚或痔疾人，皆巫祝所已知者。所以爲不祥也，謂巫祝所以不用之祭河神者，以其不吉祥也。然自神人觀之，則牛以白額，豚以高鼻，人以痔疾，均得免於祭河而死，未始非大吉祥也。故曰，此乃神人之所以爲大祥也。

支離疏者，頤隱於臍，肩高於頂，會撮指天，五管在上，兩髀爲脅。挫鍼治繲，足以餬口。鼓筴播精，足以食十人。㈠上徵武士，則支離攘臂於其間。上有大役，則支離以有常疾不受功。上與病者粟，則受三鍾，與十束薪。夫支離其形者，猶足以養其身，終其天年，又況支離其德者乎！

校釋

㈠支離，謂形體不完整，亦用爲一混名，或動詞。疏，人名。支離疏，乃合混名與人名而總稱之。臍、原作齊，古字同，茲改爲臍，以便讀。頤隱於臍，謂頤下垂至臍而不能見也。肩高於頂，謂肩比頂高也。會撮，司馬彪云：「髻也，古者髻在項中。脊曲頭低，故髻指天也。」五管在上，謂頭下垂，而低於五臟之管也。兩髀爲脅，謂身體上短下大，以髀爲脅也。繲、原作繲，茲從崔本，音綫，與綫同。挫鍼治繲，謂縫衣也。鼓筴、司馬云：「鼓，簸也。小箕曰筴。」筴，音策。鼓筴播精，謂以箕簸米去糠也。

(二)攘臂，謂奮臂而起，猶言跳躍。支離攘臂於其間，謂支離以殘廢而跳躍於武士之間，不必逃避兵役也。大役，謂戰事。常疾，謂痼疾。不受功，謂不受戰功之賞也。上與，上賜也。鍾，六斛四斗。與十束薪之與字爲連詞，當作及字解。支離其德，謂亂世以安於無用爲德也。

孔子適楚，楚狂接輿遊其門，曰：「鳳兮，鳳兮，何如德之衰也！來世不可待，往世不可追也。天下有道，聖人成焉。天下無道，聖人生焉。方今之時，僅免刑焉。福輕乎羽，莫之知載。禍重乎地，莫之知避。已乎，已乎，臨人以德。殆乎，殆乎，畫地而趨。迷陽，迷陽，無傷吾行。吾行卻曲，無傷吾足。」(一)山木，自寇也。膏火，自煎也。桂可食，故伐之。漆可用，故割之。人皆知有用之用，而莫知無用之用也。(二)

校釋

㈠適楚，往楚也。楚狂，謂楚之狂者。接輿，人名。鳳，古代以鳳爲盛世之瑞鳥，此以代稱孔子。如，猶奈也，詳見釋詞。何如，猶今言怎奈也。鳳兮，鳳兮，何如德之衰也，猶言孔子，孔子，怎奈德之衰也。天下有道，聖人成焉，謂天下治則由聖人成之也。天下無道，聖人生焉，謂天下亂則聖人出生也。方今之時，僅免刑焉，謂當今之時，只可免刑也。福輕乎羽，莫之知載，謂福輕於羽，不知載之。禍重乎地，莫之知避，謂禍重於地，不知避之。已乎，已乎，臨人以德，謂不可臨人以德也。殆乎，殆乎，畫地而趨，謂不可畫地而走也。迷陽，王先謙云：「棘刺也。」却曲，胡遠濬云：「畏縮貌。」

㈡山木，自寇也，謂山木以有用而爲人所伐，猶之自伐也。膏火，自煎也，謂膏火以可燒而爲人所燒，猶之自煎也。桂可食，故伐之，謂桂可食，故人伐之。漆可用，故割之，謂漆可飾物，故人割之。莫知無用之用，謂不知無用之用也。世人皆以有用爲可貴。而莊子獨貴無用者，以亂世不可強求有用，致無由免刑也。此傷時之言，雖不無偏激，然時不可爲，則安於無用，亦處亂世之一道歟！

五、德充符

按德充符篇，為道家之一種德論。道家以宇宙、萬物與人生之根本原理為道，以此根本原理體現於宇宙、萬物與人生為德。故老子有道經與德經，莊子亦有道論與德論。德者，修道有得於己也。充者，足也。符者，證也。德充符者，德充之符也，猶言修道有得於己而充足之證也。修道有得於己與否，在心，不在形骸。故本篇反復說明形骸殘缺之王駘、申徒嘉與叔山無趾及畸形怪狀之哀駘它、闉跂支離無脤與甕㼜大癭等人，均以修道有得於己而能化人，此即德充之證。至於聖人，則以「不以好惡內傷其身，常因自然而不益生」，為德充之證。此本篇之大旨也。

魯有兀者王駘，從之遊者與仲尼相若。常季問於仲尼，曰：「王駘，兀者也。從之遊者，與夫子中分魯。立不教，坐不議。虛而往，實而歸。固有不言之教，無形而心成者邪！是何人也？」仲尼曰：「夫子，聖人也，丘也直後而未往耳。丘將以為師，而況不若丘者乎！奚假魯國，丘將引天下而與從之。」(一)常季曰：「彼兀者也，而王先生，其與庸亦遠矣。若然者，其用心也獨若之何？」仲尼曰：「死生亦大矣，而不得與之變。雖天地覆墜，亦將不與之遺。審乎無假而不與物遷，命物之化，而守其宗也。」㈡常季曰：「何謂也？」仲尼曰：「自其異者視之，肝膽楚越也。自其同者視之，萬物皆一也。夫若然者，且不知耳目之所宜，而遊心乎德之和。物，視其所一，而不見其所喪。視喪其足，猶遺土也。」

㈢常季曰：「彼爲己，以其知得其心，以其心得其常心，物何爲最之哉？」仲尼曰：「人莫鑑於流水，而鑑於止水。唯止能止衆止。受命於地，唯松柏獨也在，冬夏青青。受命於天，唯舜獨也正。幸能正生，以正衆生。夫保始之徵，不懼之實，勇士一人，雄入於九軍。將求名而能自要者，而猶若是，而況官天地，府萬物，直寓六骸，象耳目，一知之所知，而心未嘗死者乎？彼且擇日而登假，人則從是也。彼且何肯以物爲事乎！」㈣

校釋

㈠兀者，謂刖足者。王駘、蓋一寓言人物。從之遊者與仲尼相若，謂王駘弟子之多，與孔子所有者相當也。常季，孔子弟子。與夫子中分魯，謂王駘與孔子之弟子，各分有魯國之一半也。立不教，坐不議，謂王駘對弟子之立者不教，坐者不議也。虛而往，實而歸，謂弟子從遊王駘者，皆空空而往，有心得而歸也。固有不言之教，無形而心成者邪，謂本有以不言爲教，無形跡而以心成之人乎。是何人也，猶言此何人也。夫子，孔子雖非王駘之弟子，亦以夫子尊稱之。丘也直後而未往耳，猶言丘但後而未往耳。假，但也，猶言僅也。假可訓但，詳見詞詮。與，與擧通，猶言皆也。奚假魯國，丘將引天下而與從之，猶言何僅魯國，丘將引天下而擧從之。

(二)王，讀爲旺，猶言勝也。庸，庸衆也。彼兀者也，而王先生，其與庸亦遠矣，謂王駘爲刖足者，而勝於先生，其比庸衆相去亦遠矣。死生亦大矣，而不得與之變，謂死生之變甚大，然無法能改變之。遺，失也。雖天地覆墜，亦將不與之遺，謂雖天地翻覆，亦將不失死生之變，猶言雖天翻地覆，亦不能改變死生也。假字，疑古與暇通。無假，猶言無時。遷，變也。審乎無假而不與物遷九字，宜連讀，謂深知物無時不變也。命物之化，謂任物之自變也。其宗，謂物化之根本，即謂道也。命物之化，而守其宗，猶言任物自變，而守道不變也。

(三)自其異者視之，肝膽楚越也，謂自物之相異者觀之，則肝與膽如楚與越之相異也。自其同者視之，萬物皆一也，謂自物之相同者觀之，則萬物皆同也。夫若然者，且不知耳目之所宜，而遊心乎德之和，謂如此觀物之人，將不知耳目之所聞見者何爲是或非，而以心和同萬物也。而，猶則也。喪，失也。物，視其所一，而不見其所喪，謂吾人視物之所同，則不見物之所失也。視喪其足，猶遺土也，謂視喪足如棄地之土，不足介意也。

㈣彼，指王駘。己字，各舊本多作已，茲從莊子解。爲己，與論語「古之學者爲己」同義。常心，謂道。物，猶言人也，指從遊者。最，聚也。此句謂王駘爲己之學，乃以知明心，以心明道，而從遊者曷爲群集其門乎？鑑，照也。止水，靜水也。止水可以照人，而流水則不能照人。故曰人莫鑑於流水，而鑑於止水。唯止，能止衆止，謂唯有靜始能使衆物皆靜也。獨也之也字，語助無義。唯松柏獨也在，冬夏青青，謂松柏獨在，而冬夏常青也。唯舜獨也正，謂唯舜獨正也。生字，當讀爲性。幸能正生，以正衆生，謂舜幸能自正其性，以正萬物之性也。始，謂原始之道或性。徵，證明也。實，實例也。雄入，猶言衝入也。九軍，猶言大軍。夫保始之徵，不懼之實，勇士一人，雄入於九軍，猶謂勇士一人衝入大軍者，即保道之證明，無畏之實例也。要，讀如論語「久要不忘」之要。自要，猶言自矢也，自期也。將求名而能自要者，而猶若是，謂勇士爲求勇名而能自矢者，尚敢衝入大軍也。官府兩字，均作動詞用，猶言混同，或包羅。直，但也。寓象兩字，均作動詞用，猶言寄託。六骸，謂手足首身。一知，謂天地萬物與我爲一之知，亦即知道之知。心未嘗死，謂心同死生也。郭注云：「知與變化俱，則無往而不冥，此知之一者也。心與死生順，則無時而非生，此心之未嘗死也。」按自官天地至未嘗死者爲一句，猶謂心包萬物，但以形骸耳目爲寄託，而知通大道，同死生者，則更爲保道之證明，無畏之實例矣。假、王叔岷云：「霞之借字。」按登假，即登霞，猶言升天也。則，猶即也。是，猶之也。彼且擇日而登假，人則從是也，猶謂心包萬物，知通大道者，將擇日而升天，人即從之也。彼且何肯以物爲事乎，猶謂彼又何肯以物爲事乎。

申徒嘉，兀者也，而與鄭子產同師於伯昏無人。子產謂申徒嘉曰：「我先出，則子止。子先出，則我止。」其明日，又與合堂同席而坐。子產謂申徒嘉曰：「我先出，則子止。子先出，則我止。今我將出，子可以止乎？其未邪？且子見執政而不違，子齊執政乎！」㈠申徒嘉曰：「先生之門，固有執政焉如此哉！子而說子之執政而後人者也？聞之曰：鑑明則塵垢不止，止則不明也。久與賢人處，則無過。今子之所取大者，先生也。而猶出言若是，不亦過乎！」子產曰：「子既若是矣，猶與堯爭善。計子之德，不足以自反邪？」㈡申徒嘉曰：「自狀其過，以不當亡者衆。不狀其過，以不當存者寡。知不可奈何，而安之若命，唯有德者能之。遊於羿之彀中，中央者，中地也。然而不中者，命也。人以其全足笑吾不全足者衆矣。我怫然而怒。而適先生之所，則廢然而反，不知先生之洗我以善邪！吾與夫子遊，十九年矣，而未嘗知吾兀者也。今子與我遊於形骸之外，而子索我於形骸之內，不亦過乎！」子產蹵然改容更貌，曰：「子無乃稱。」㈢

校　釋

㈠申徒嘉，姓申徒，名嘉，蓋假託之寓言人物。鄭子產，鄭、國名，子產，鄭相。伯昏無人，蓋亦假託之寓言人物。子產謂申徒嘉，謂子產告申徒嘉也。我先出，則子止，子先出，則我止，謂子產不願與兀者同行也。今我將出，子可以止乎，其未邪，謂今我將出，子可以止乎，抑不止乎？執政，王先謙云：「子產自稱。」不違，猶言不退避也。齊，謂同等。子齊執政乎，猶言子與執政同等乎？

㈡先生之門，固有執政焉如此哉，謂伯昏無人之門，本有執政如此自驕乎？子，指子產。而，猶如也。說，同悅。而後人之而字，猶卽也。也，猶邪也。子而說子之執政而後人者也，猶言子如悅子之執政，卽後人而行者邪？鑑明，謂鏡明也。取，古與最通。大，猶言尊也。今子之所取大者，先生也，猶言子所最尊之人，乃先生也。出言若是，不亦過乎，謂子產出言如此，未免有過也。子既若是矣，猶與堯爭善，謂申徒嘉既已形殘如此矣，猶與聖人爭善也。計子之德，不足以自反邪，謂論子之德，尚不足以自反省乎。

㈢自狀其過，以不當亡者衆，謂自言其過，則自以爲不當亡者衆也。不狀其過，以不當存者寡，謂不言其過，則自以爲不當存者少也。命，謂一切非人力所能爲之事，類如天命，性命與運命之命，均是。知不可奈何而安之若命，唯有德者能之，謂知事變之無可奈何，則視如前定之命而泰然處之，非有德者不能辦也。羿，人名，古代善射者。彀中，謂弓矢所及之中。中地與不中之兩中字，均讀去聲，作動詞用，謂射中也。褚伯秀云：「遊羿彀中，莫非中地。其不中者，幸免耳。人處世苟得免患，亦幸也。」佛然，怒貌。廢然，怒止貌。反，同返。洗，與易繫辭「聖人以此洗心」之洗字同義，謂洗濯，猶言感化。邪，同也。自「而適」至「善邪」二十一字，宜作一句讀，猶謂然赴先生之所，則怒止而返，不覺先生之以善洗我心也。外內兩字，各舊本作內外，茲依上下文意互乙。今子與我遊於形骸之外，謂現在子與我同遊於伯昏無人之門，乃爲學道，非爲形骸之全與不全也。而子索我於形骸之內，不亦過乎，謂子不能忘形骸，而嫌吾足不全，未免有過也。蹵，音促。蹵然，不安貌。改容更貌，謂和顏悅色也。子無乃稱，猶言子勿如此稱說也。

魯有兀者叔山無趾，踵見仲尼。仲尼曰：「子不謹前，既犯患若是矣。雖今來，何及矣。」無趾曰：「吾唯不知務而輕用吾身，吾是以亡足。今吾來也，猶有尊足者存，吾是以務全之也。夫天無不覆，地無不載。吾以夫子爲天地，安知夫子之猶若是也？」孔子曰：「丘則陋矣。夫子胡不入乎？請講以所聞。」無趾出。孔子曰：「弟子勉之。夫無趾，兀者也，猶務學以復補前行之惡，而況全德之人乎？」無趾語老聃曰：「孔丘之於至人，其未邪？彼何賓賓以學子爲？彼且蘄以諔詭幻怪之名聞，不知至人之以是爲己桎梏邪？」老聃曰：「胡不直使彼以死生爲一條，以可不可爲一貫者，解其桎梏，其可乎？」無趾曰：「天刑之，安可解？」

校釋

㈠叔山，蓋以居地爲姓。無趾，乃以刖足而得之混名。踵見仲尼，謂無趾以踵行而來見孔子也。子不謹前，既犯患若是矣，謂子不謹愼於前，既已得刖足之禍矣。雖今來，何及矣，謂雖今來此，亦不及解救從前之禍患也。不知務，猶言不知事理也。尊足，謂尊於足，猶言貴於足也。猶有尊足者存，吾是以務全之也，猶謂吾尚有貴於足之心存，吾是以盡力全之也。語，讀去聲。語老聃，謂告老子也。其，猶殆也。孔丘之於至人，其未邪，謂孔丘殆未爲至人也。賓賓，俞樾云：「猶頻頻。」彼何賓賓以學子爲，謂孔子何爲頻頻學於老子也。且蘄，又求也。名聞，謂名聲傳聞人間也。以是之是字，指上文之名字言。桎梏，謂腳鐐手銬，猶言束縛。邪，同也。不知至人之以是爲己桎梏邪，謂孔子不知至人以名爲自己之束縛也。直使，猶言特使也。以死生爲一條，謂齊死生也。以可不可爲一貫，謂齊是非也。解其桎梏，謂解除束縛也。胡不直使彼以死生爲一條，以可不可爲一貫者，解其桎梏，其可乎，猶言何不特使孔子齊死生，齊是非，以解除其名心之束縛，可乎？天刑之，安可解，謂得罪於天，不可解也。

嚴復云：「本篇首段王駘，是使人忘其兀。次段申徒嘉，乃使人忘己兀。是德充符者，能使人我皆遺形也。至三段叔山無趾，不但自忘其兀，而轉以不兀者爲天刑。其弔詭微妙，有如是者。」

魯哀公問於仲尼，曰：「衞有惡人焉，曰哀駘它。丈夫與之處者，思而不能去也。婦人見之，請於父母曰，與爲人妻，寧爲夫子妾者，十數而未止也。未嘗有聞其唱者也，常和人而已矣。無君人之位，以濟乎人之死。無聚祿，以望人之腹。又以惡駭天下，和而不唱，知不出乎四域，且而雌雄合於前，是必有異乎人者也。㈠寡人召而觀之，果以惡駭天下。與寡人處，不至以月數，而寡人有意乎其爲人也。不至乎期年，而寡人信之。國無宰，寡人傳國焉。悶然而後應，氾若而辭。寡人醜乎，卒授之國。無幾何也，去寡人而行。寡人卹焉，若有亡也，若無與樂是國也。是何人者也。」㈡仲尼曰：「丘也嘗遊於楚矣。適見豚子食其死母者，少焉眴若，皆棄之而走。不見己焉爾，不得類焉爾。所愛其母者，非愛其形也，愛使其形者也。戰而死者，其人之葬也，不以翣資。刖者之屨，無爲愛之。皆無其本矣。爲天子之諸御，不翦爪，不穿耳。取妻者止於外，不得復使。形全猶足以爲爾，而況全德之人乎！今哀駘它未言而信，無功而親，使人授己國，唯恐其不受也。是必才全而德不形者也。」㈢哀公曰：「何謂才全？」仲尼曰：「死生、存亡、窮達、貧富、賢與不肖、毀譽、飢渴、寒暑，是事之變，命之行也，日夜相代乎前，而知不能規乎其始者也。故不足以滑和，不可入於靈府。使之和豫，通而不失於兌。使日夜無郤，而與物爲春。是接而生時於心者也。是之謂才全。」㈣「何謂德不形？」曰：「平者，水停之盛也。其可以爲法也，內保之而外不蕩也。德者，成和之修也。德不形者，物不能離也。」哀公異日以告閔子，曰：「始也吾以南面而君天下，執民之紀，而憂其死，吾自以爲至通矣。今吾聞至人之言，恐吾無其實，輕用吾身而亡吾國。吾與孔丘，非君臣也，德友而已矣。」㈤

校釋

㈠惡人，猶言醜人。哀駘它，蓋以醜狀爲混名。哀，疑當讀爲矮。駘，大也。它，與駝同，謂背駝。矮、大、駝三字，皆言醜狀。或以姓甚名誰解之，未免牽強。丈夫，謂男子。思而不能去，謂思念難捨。與爲人妻，猶言與其爲人妻也。夫子，婦人自稱其夫。數，讀上聲，作動詞用，猶言計也。十數而未止，猶言不止以十計也。唱和，猶言先後也。未嘗有聞其唱者也，常和人而已矣，謂哀駘它常後人而和，而不先人而唱也。無君人之位，以濟乎人之死，謂無君位，足以救人之死也。望，滿也，猶言飽也。無聚祿，以望人之腹，猶言無積穀，足以飽人之腹也。以惡駭天下，謂以醜惡驚駭天下之人也。知不出乎四域，謂其所知者，不外於四境之內也。且而之且字，疑爲然字之誤。雌雄，猶言男女。合，聚會也。是，猶此也。然而雌雄合於前，是必有異乎人者，猶言然而男男女女群聚於哀駘它之前，此必有與衆不同者在也。

㈡寡人，國君自稱之謙辭。月數之數字，讀去聲，計也。不至以月數，謂不及一月也。不至乎期年，謂不及一年也。傳國，郭注云：「委之以國政。」悶然而後應，謂哀駘它悶悶不樂而後答哀公也。氾若而辭，影宋本作氾而若辭，茲依道藏成疏。氾若而辭，猶言哀駘它淡然而辭國政也。醜乎之乎字，疑爲之字誤。醜，猶言恥也。寡人醜之，謂哀公以哀駘它不肯任國政爲耻也。無幾何也，謂無多時。寡人卹焉，猶言寡人憂之。若有亡也，謂如有所失也。若無與樂是國也，謂如無人願與寡人同樂此國也。是何人者也，猶言此何如人也。

(三)嘗遊，各舊本多作嘗使，茲依釋文。豚子，各舊本作㹠子，茲依釋文。豚㹠音義俱同。豚子，小豬也。食，郭注云：「食乳也。」少焉，謂稍時。眴，音荀。眴若，驚視貌。少焉眴若，皆棄之而走，謂豚子稍時驚視其死母，則皆棄之而走也。焉爾，釋詞云：「焉，猶乃也。爾，猶如此也。」不見己焉爾，不得類焉爾，謂豚子皆棄死母而走者，以其已死，而不與己同類，乃如此也。所愛其母者，非愛其形也，愛使其形者也，謂豚子所以愛其母者，非愛其形骸也，乃愛使其形骸之才德也。翣，音霎，棺飾也。資，送也。戰而死者，其人之葬也，不以翣資，謂在戰場埋葬死者無棺，則不用棺飾送葬也。刖者之屨，無爲愛之，謂刖者無足，無須愛屨也。有棺而後用棺飾，有足而後用屨。今戰死者無棺，刖者無足，故曰皆無其本矣。諸御，謂宮女。翦爪，各舊本作爪翦，茲依下句「不穿耳」文例乙。馬其昶云：「不爪翦，不穿耳，疑古女子在室之容。今新婦始翦面髮，是其遺意。」取妻者止於外，不得復使，謂男子娶妻者，只能在宮外服務，不得復使入直宮內也。爾，猶此也，指天子之諸御。形全猶足以爲爾，而況全德之人乎，謂男女之形全者，猶足以爲天子之諸御，而況全德之人乎。未言而信，謂未言而人信之。無功而親，謂無功而人親之才，謂天賦之才能。全，謂完備。德，謂自修之德行。不形，謂不外露也。

㈣而知之知字，當讀爲智。規，與窺通，謂探知也。自「死生」至「其始者也」四十二字，宜作一句讀。此句謂死生、存亡，窮達、貧富、賢與不肖、毀譽、飢渴、寒暑等現象，皆爲事之變化，命之運行，如日與夜之交替於眼前，而智不能探知其由來也。滑、成疏云：「亂也。」和，謂天和。靈府，謂心靈。不足以滑和，不可入於靈府，謂事變之來，既不得不然，則不足以亂天和，亦不可以動心靈也。使，猶任也。豫，逸豫也。通，通達也。兌，悅也。不失於悅，猶言不勉強也。使之和豫，通而不失於兌，謂任事變歸於和諧，逸豫，通達而不勉強也。郤，同隙，間也。春，謂萬物生長之時。使日夜無郤，而與物爲春，謂任日月運行無間，而與萬物以生長之時也。是接而生時於心者也，謂是以接物而生與時推移之心也。

㈤平者，水停之盛也，謂水平者，水停之極也。其，指水平言。其可以爲法也，謂水平可以爲準則也。內保之而外不蕩也，謂內保心之水平，則外不動蕩也。德者，成和之修也，武延緒云：「疑作和修之盛也。」按此謂德者，完成和諧之修養也。德不形者，物不能離也，謂德不外露者，則物必親之，而不能離也。執民之紀，謂執民之綱紀。德友，嚴復云：「德字，叚爲直。」按直，猶但也，不過也。

闉跂支離無脤說衞靈公，靈公說之，而視全人，其脰肩肩。甕㼜大癭說齊桓公，桓公說之，而視全人，其脰肩肩。故德有所長，而形有所忘。人不忘其所忘，而忘其所不忘，此謂誠忘。㈠故聖人有所遊，而智爲孽，約爲膠，德爲接，工爲商。聖人不謀，惡用智？不斲，惡用膠？無喪，惡用德？不貨，惡用商？四者，天鬻也。天鬻也者，天食也。旣受食於天，又惡用人？有人之形，無人之情。有人之形，故群於人。無人之情，故是非不得於身。眇乎小哉！所以屬於人也。謷乎大哉，獨成其天。㈡

校釋

㈠闉跂，音因企，謂跛腳。支離，謂駝背。脤，同脣，無脣，謂缺吧。闉跂支離無脣六字，乃以畸形爲混名。說衞靈公之說字，讀爲稅，謂遊說也。說之之說字，讀爲悅，同義。視，猶言比也。全人，謂形體完全之人。脰，音豆，頸也。肩肩，羅勉道云：「肩，同顅。周禮注，顅，長脰貌。」而視全人，其脰肩肩，謂以無脤與形體完全之人相比，則其頸較長也。癭，頸瘤也。甕，讀翁去聲，瓶也。㼜，音盎，盆也。甕㼜大癭，亦以畸形爲混名，謂頸瘤之大，如酒甕水盆也。德有所長，而形有所忘，謂愛其德有所長，則忘其形有所缺也。

其所忘及其所不忘之兩忘字，宜讀爲亡，猶言無也，缺也。人不忘其所亡，而忘其所不亡，此謂誠忘，謂如人不忘其所缺之形，而忘其所不缺之德，乃爲眞忘也。

㈡聖人有所遊，謂聖人與世有所交接也。而，猶以也。此一而字，統攝下文四子句。智字，原作知，茲依釋文音讀改，下同，謂智巧。孽，謂罪孽。而智爲孽，謂聖人以智巧爲罪孽而不用也。約，謂人我間之約束。膠，謂黏物之料。以約爲膠，與老子「善約無繩結而不可解」之意相通，謂聖人善於結合人我間之關係，而以一切約束爲黏物之膠，未必固也。德，得，古通。此德字，當讀爲得失之得，不當解爲道德之德。接字，疑當讀爲挾。儀禮鄉射禮，兼挾乘矢注：「挾，古文作接。」康熙字典云：「接，音協，與挾同，亦持也。孟子，不挾長，不挾貴，朱注云：挾者，兼有而恃之之稱。」以得爲挾，謂聖人以求得於外，爲對人之挾持而不爲也。工，謂工藝。商字，舊注均解爲交易之商，似不甚恰。康熙字典云：「集韵，商，刻也。詩疏，尙書緯謂刻爲商。正字通，商乃漏箭所刻之處，所謂商金，商銀是也。」按工藝須以人工之刻鏤而成。故此商字宜依古訓解爲刻鏤，義較長。以工爲商，謂以工藝爲人爲之刻鏤，而非自然之物，不足貴也。惡用，猶言何須。聖人不謀，惡用智，謂聖人不謀人，何須智巧也。不斲，惡用膠，謂聖人任物自然而不斲雕，何須膠黏也。無喪，惡用得，謂聖人本無所失，何須求得於人也。貨，謂貨賂。不貨，惡用商，謂聖人不貨，何須工藝之刻鐫也。四者，林雲銘云：「不謀，不斲，無喪，不貨。」鬻，音育，生養也。天鬻，謂此四者，乃天所生養也。天食之食字，讀爲飼，作動詞用。天鬻也者，天食也，謂天所生養者，即由天飼之也。既受食於天，又惡用人，謂既受食於天之生養，又何須人之智巧，約束，挾持與貨賂乎？有人之形，無人之情，謂聖人有常人之形體，而無常人之情感也。有人之形，故群於人，謂聖人有常人之形體，故與常人合爲一群也。無人之情，故是非不得於身，謂聖人無常人之情感，故不論常人之是非也。眇乎小哉，所以屬於人也，謂聖人以屬於常人者，皆甚眇小也。謷，音敖，大也。謷乎大哉，獨成其天，謂聖人以天道爲至廣大，而獨成之。

惠子謂莊子曰：「人故無情乎？」莊子曰：「然」。惠子曰：「人而無情，何以謂之人？」莊子曰：「道與之貌，天與之形，惡得不謂之人？」惠子曰：「既謂之人，惡得無情！」莊子曰：「是非吾所謂情也。吾所謂無情者，言人之不以好惡內傷其身，常因自然而不益生也。」惠子曰：「不益生，何以有其身？」莊子曰：「道與之貌，天與之形，無以好惡內傷其身。今子，外乎子之神，勞乎子之精，倚樹而吟，據槁梧而瞑。天選子之形，子以堅白鳴！」㈠

校釋

(一)惠子，姓惠，名施，宋人，先秦名家，善辯，曾相梁惠王，與莊子同時，稍長。故，本也。人故無情乎，猶言人本無情乎？而，猶如也。人而無情，何以謂之人，猶言人如無情，何以謂之人？道與之貌，天與之形，惡得不謂之人，謂人之容貌由道生，人之形體由天賦，何能不謂之人。是，猶此也，指上文惠子所謂情而言。郭注解是字爲是非之是，誤。是非吾所謂情也，猶言此非吾所謂情之本旨也。不以好惡內傷其身，謂不以好惡之情，而自傷其身也。常因自然而不益生，謂一切任其自然，而不以反乎自然之方法，增益人生也。今子外乎子之神，勞乎子之精，謂惠子疲精敝神而不休也。瞑，音溟，閉目而睡也。倚樹而吟，據槁梧而瞑，謂惠子依樹而歌，憑案而眠也。天選，謂天生，猶今言天擇也。堅白，謂戰國名家之堅白論。天選子之形，子以堅白鳴，謂天生惠子之形，而惠子高唱堅白之說也。

六、大宗師

按大宗師篇，爲道家之一種道論。大宗師者，大宗之師也，猶言以大道爲最高之師也。古代宗法，以始祖之嫡長爲大宗，凡小宗皆須尊重之。道家以大道爲宇宙萬有之最高原理，凡人皆須師法之。故本篇以大宗喻大道。本篇云：「夫道有情有信，（猶言有實有徵），無爲無形。可傳而不可受，可得而不可見。自本自根，生天生地。」此言大道之體也。本篇又云：「吾師乎，吾師乎，韲（音濟，成也）萬物而不爲義，澤及萬世而不爲仁，長（讀上聲）於上古而不爲老，覆載天地，刻雕衆形，而不爲巧。此所遊已。」此言大道之用也。聖人須以此種體用兼備之大道爲師，而修之於己，化之於人。至於聖人修道之次第及效驗，本篇亦詳言之。此本篇之大旨也。

知天之所爲，知人之所爲者，至矣。知天之所爲者，天而生也。知人之所爲者，以其知之所知，以養其知之所不知，終其天年，而不中道夭者，是知之盛也。雖然，有患。夫知有所待而後當。其所待者，特未定也。庸詎知吾所謂天之非人乎？所謂人之非天乎？㈠且有眞人而後有眞知。何謂眞人？古之眞人，不逆寡，不雄成，不謩士。若然者，過而弗悔，當而不自得也。若然者，登高不慄，入水不濡，入火不熱。是知之能登假於道也若此。(二)古之眞人，其寢不夢，其覺無憂，其食不甘，其息深深。眞人之息以踵，衆人之息以喉。屈服者，其嗌言若哇。其耆欲深者，其天機淺。(三)古之眞人，不知說生，不知惡死。其出不訢，其入不距。翛然而往，翛然而來而已矣。不忘其所始，不求其所終。受而喜之，忘而復之。是之謂不以心損道，不以人助天。是之謂眞人。若然者，其心志，其容寂，其顙頯。凄然似秋，煖然似春，喜怒通四時，與物有宜，而莫知其極。(四)故聖人之用兵也，亡國而不失人心。利澤施乎萬世，不爲愛人。故樂通物，非聖人也。有親，非仁也。天時，非賢也。利害不通，非君子也。行名失己，非士也。亡身不眞，非役人也。若狐不偕、務光、伯夷、叔齊、箕子胥餘、紀他、申徒狄，是役人之役，適人之適，而不自適其適者也。(五)古之眞人，其狀義而不朋，若不足而不承。與乎其堅而不觚也。張乎其虛而不華也。邴邴乎其似喜乎。崔乎其不得已乎。滀乎進我色也。與乎止我德也。廣乎其似世乎。警乎其未可制也。連乎其似好閉也。悗乎忘其言也。(六)以刑爲體，以禮爲翼，以知爲時，以德爲循。以刑爲體者，綽乎其殺也。以禮爲翼者，所以行於世也。以知爲時者，不得已於事也。以德爲循者，言其與有足者至於丘也，而人眞以爲勤行者也。故其好之也一，其弗好之也一。其一也一，其不一也一。其一與天爲徒，其不一與人爲徒。天與人不相勝也，是之謂眞人。(七)

校釋

(一)知天之所爲，知人之所爲者，至矣，謂知天與人之所爲者，乃知之極地也。天之所爲如何？不外無爲而已，自然而已。故郭注以自然釋天。知天之所爲者，天而生也，謂知天之無爲而自然者，亦當無爲自然而生也。其知之知字，當讀爲智。其知之所知，謂人智所能知之事與理。其知之所不知，謂人智所難知之道與命。盛、猶言至也，極也。此句猶謂知人之所爲者，乃以其所知之事與理，以養其所不知之道與命，而順之安之，克享天年，而不中途夭折者，此知之至也。雖然，有患，謂雖如此云云，然有弊病也。夫，指事之辭。知有所待而後當，謂知須具備條件而後適合也。其所待者，特未定也，謂知所具備之條件變化不定也。庸詎，猶安也。庸詎知吾所謂天之非人乎，所謂人之非天乎，猶言安知吾所言之天非人乎，所言之人非天乎。

(二)眞人，謂得道之人，與逍遙遊篇之至人，神人，聖人同義。眞知，謂得道之知，即指上文知天與人之所爲之知。且有眞人而後有眞知，謂有得道之人，始有得道之知也。不逆寡，猶言不悔寡也。不雄成，猶言不逞強也。謨同謀，士同事。不謀事，謂任物自然而不豫謀也。過而弗悔，謂事已過，則不追悔也。當而不自得，謂事雖當，亦不自滿也。若然者，謂如此之眞人。登高不慄，謂登山不懼高也。入水不濡，謂入水不懼濕也。入火不熱，謂入火不懼熱也。假、當讀爲霞。登霞，猶言上升也。此知之能登假於道也若此，謂眞人之知，能由普通之知，而上升至得道之知，乃登高不慄，入水不濡，入火不熱也。

㈢其寢不夢，謂眞人寢時安適無夢也。其覺無憂，謂眞人覺時恬淡無憂也。其食不甘，謂飲食不美也。其息深深，謂呼吸甚深也。眞人之息以踵，謂眞人之呼吸下通至踵也。衆人之息以喉，謂衆人之呼吸僅通於喉也。嗌、喉也。言、猶聲也。屈服者，其嗌言若哇，猶言呼吸不暢者，則喉聲似嘔吐也。耆、同嗜。其嗜欲深者，其天機淺，謂嗜欲多者，則自然之生機少也。

㈣說，讀爲悅。出，謂生。入、謂死。訢同忻。距、同拒。其出不訢，其入不距，謂眞人出生不忻，入死不拒也。翛、音蕭。翛然，猶言自然也。往、謂死。來、謂生。翛然而往，翛然而來，謂自然而死，自然而生也。不忘，武延緒云：「忘，疑忌譌。則陽篇，未生不可忌。」所始，謂生。所終，謂死。不忌其所始，不求其所終，謂生而不忌，死而不求也。受，謂初生之自然稟受。而、猶則也。受而喜之，謂初生所稟受者無論爲何物皆喜之，猶言隨遇而安也。忘，當讀爲亡，猶言死也。亡而復之，謂死則復反於道也。損字，各舊本作捐，茲依王叔岷校釋，據史記賈誼傳索隱引改。不以心損道，朱桂曜云：「猶言不以心害道也。」不以人助天，謂生死聽之自然，而不以人力左右之。其心志，謂眞人之心純一也。其容寂，謂眞人之容安靜也。顙，額也。頯，音逵，高露也。其顙頯，謂眞人之額高而露，以喻其意境高明也。淒然，涼貌。煖，同暖。淒然似秋，煖然似春，謂眞人如秋之涼，而能「殺物，非爲威也」；如春之暖，而能「生物，非爲仁也」。（此句引語，本郭注）。喜怒通四時，與物有宜，而莫知其極，謂眞人之喜怒，與四時之生殺相通，能令萬物皆得其宜，而不知其究極也。

㈤亡國而不失人心，崔譔云：「亡敵國而不失其人心。」故樂通物，非聖人也，謂聖人任物自然而物自通，並非以通物爲樂也。有親，非仁也，謂至仁無親也。天時，疑爲失時之誤。失時非賢也，謂違失時宜，則非賢也。利害不通，非君子也，謂不通觀利害，而有所趨避，則非君子也。行名，王叔岷云：「行，徇通」。按徇亦與殉通。行名失己，非士也，猶言以己殉名，非士也。與烈士殉名之語相通。不眞之眞字，與上文「有眞人而後有眞知」之眞字同義，謂道也，自然也。亡身不眞，非役人也，謂身死而不得其道，非所以役人也。狐不偕，成疏云：「堯時賢人，不受堯讓，投河而死。」務光、成疏云：「夏時人，湯讓天下不受，負石自沉於盧水。」伯夷、叔齊，爲殷末兩賢人，因不食周粟，而餓死首陽山，事詳史記列傳。箕子、辭源云：「殷太師，諫紂被囚，佯狂爲奴。武王滅紂後，箕子率五千人避之朝鮮而君之。」胥餘、司馬云：「箕子名。」按胥餘，謂胥靡之餘，猶言刑餘。箕子曾被囚爲奴，故人以胥餘稱之，似非箕子之眞名也。紀他、殷時人，恐湯讓天下而投河。申徒狄、釋文云：「殷時人，負石自沉於河。」上擧諸人，皆「舍己徇人」（語本郭注。），身死而不得其道。故曰是役人之役，適人之適，而不自適其適者也。

(六)狀，謂眞人之精神態度，非謂其身體形狀。本節各句多言眞人之精神態度，不僅限於其狀義而不朋一句也。義，宜從俞樾說，讀爲峨，猶言高也。不，猶無也。朋，與詩「碩大無朋」之朋字同義，猶言比也。其狀義而不朋，猶言眞人之精神態度，高而無比也。若不足而不承，謂眞人謙虛而不敢有所承受於人也。與，讀爲余。與乎、與論語之「與與如也」同義，猶言安詳也。其堅而不觚，原作其觚而不堅。茲依姚鼐說乙改。觚音孤，稜也，有角足以傷人也。與乎其堅而不觚也，猶言眞人安詳堅定而無稜角傷人也。張乎，廣大貌。張乎其虛而不華也，謂眞人之精神廣大中虛而不浮華也。邴，音丙。邴邴乎，開朗貌。邴邴乎其似喜乎，謂眞人之精神開朗，似有喜色也。崔，當讀爲催，促也，迫也。崔乎其不得已乎，陳祥道云：「迫而後應也。」滀，音畜。滀乎，淵靜貌。滀乎進我色也，謂眞人之容色，如淵之日趨於靜也。與乎止我德也，謂眞人之安詳，足爲德之所止也。廣字，原作厲，玆依釋文崔本。郭慶藩云：「厲廣，古通借。」廣乎其似世乎，謂眞人精神之廣，如世界之廣也。謷乎其未可制也，謂眞人精神之大，無人能制之也。連，高亨云：「徐遲也。」連乎、猶言徐貌。閑字，各舊本作閉，玆依姚鼐說校改。連乎其似好閑也，謂眞人之言行徐緩，貌似好閑也。悗、音懣。悗乎，成疏云：「無心貌。」悗乎，忘其言也，謂無心而忘其言也。

(七)體，猶言懷也。以刑爲體，與論語君子懷刑之意相近。養生主篇云：「爲惡無近刑」，即以刑爲懷之意也。以禮爲翼，謂以禮爲輔也。以知爲時，謂以知爲因時制宜之嚮導也。循與修通。以德爲循，謂以德爲修行之目標也。綽、猶言多也，盡量也。殺、謂克己。以刑爲體者，綽乎其殺也，謂以刑爲懷者，則盡量克己也。以禮爲翼者，所以行於世也，謂以禮爲輔者，則與世無所忤也。以知爲時者，不得已於事也，謂因時制宜者，乃不得不變也。丘、郭嵩燾云：「莊子則陽篇云，丘里之言，是凡所居曰丘。」按此丘字，與「首丘」之丘字義相近，本謂出生之地，此以喻萬物同出之大道。此句猶言以德爲修行之目標者，乃由實行而至大道，如人以足行而歸出生之地，則他人眞以爲勉力而行者也。一、猶言同也。故其好之也一，其弗好之也一，謂眞人不以好惡而生異同之見也。其一也一，其不一也一，謂物之同者，眞人視之爲同，物之不同者，眞人亦視之爲同也。其一、與天爲徒，謂視萬物爲同者，則如天之無所不包也。其不一、與人爲徒，謂視萬物爲不同者，則爲人之我見也。天與人不相勝，謂眞人亦視天與人爲一也。

死生，命也。其有夜旦之常，天也。人之有所不得與，皆物之情也。彼特以天爲父，而身猶愛之，而況其卓乎！人特以有君爲愈於已，而身猶死之，而況其眞乎！泉涸，魚相與處於陸，相呴以濕，相濡以沫，不如相忘於江湖。與其譽堯而非桀也，不如兩忘而化其道。夫大塊載我以形，勞我以生，佚我以老，息我以死。故善吾生者，乃所以善吾死也。㈠夫藏舟於壑，藏山於澤，謂之固矣。然而夜半有力者負之而走，昧者不知也。藏小大有宜，猶有所遯。若夫藏天下於天下，而不得所遯，是恒物之大情也。特犯人之形，而猶喜之。若人之形者，萬化而未始有極也，其爲樂可勝計邪！故聖人將遊於物之所不得遯而皆存。善夭善老，善始善終，人猶效之。又況萬物之所係，而一化之所待乎！㈡夫道，有情有信，無爲無形。可傳而不可受，可得而不可見。自本自根，未有天地，自古以固存。神鬼神帝，生天生地。在太極之先而不爲高，在六極之下而不爲深。先天地生而不爲久，長於上古而不爲老。狶韋氏得之，以挈天地。伏戲得之，以襲氣母。維斗得之，終古不忒。日月得之，終古不息。堪坏得之，以襲崑崙。馮夷得之，以遊大川。肩吾得之，以處大山。黃帝得之，以登雲天。顓頊得之，以處玄宮。禺強得之，立乎北極。西王母得之，坐乎少廣。莫知其始，莫知其終。彭祖得之，上及有虞，下及五伯。傅說得之，以相武丁，奄有天下，乘東維，騎箕尾，而比於列星。㈢

校釋

㈠死生，命也，謂人之有死生，乃先天註定之命也。其、指命言。有、吳汝綸云：「讀爲猶」，猶如也。其有夜旦之常，天也，謂命之有死生，猶如天之有日夜而不能改也。與、讀爲豫，謂干與。人之有所不得與，皆物之情也，謂命之死生與天之晝夜，皆物之實情，非人力所能干與也。彼、指人言。特、但也。卓、高也。莊子以道能生天生地，故其卓，即謂高於天之道。此句猶謂人但以天爲父，而身猶愛之，而況高於天之道乎。已字，各舊本作己，茲依文意校改。已、止也、猶言無也。眞、謂眞君，指道而言。此句猶謂人但以有君爲勝於無君，而身猶死之，而況眞君之道乎。涸、無水也。呴、音訏，噓也。相呴以濕，謂以濕氣相嘘也。濡字，各舊本作濤，茲依釋文改。濡、音儒，潤也。相濡以沫，謂以口沫相潤也。不如相忘於江湖，謂魚在水中，則彼此相忘，不必相呴以濕，相濡以沫也。其、猶之也。不如兩忘而化其道，謂不如彼此兩忘，而皆化之於大道也。大塊、謂大地。夫大塊載我以形……謂人生大地之上，生則勞，老則佚，死則息，此不可免之自然歷程也。善、謂順乎自然。故善吾生者，乃所以善吾死也，謂吾生順亍自然者，則吾死亦順乎自然也。

(二)山、武延緒云：「讀爲汕」。按汕爲編竹取魚之具。藏舟於壑，藏汕於澤，謂之固矣，謂漁夫以舟藏於壑中，以汕藏於澤中，可謂安全無虞矣。昧字，依上文夜半之意，宜讀爲寐。奚侗云：「淮南俶貞訓昧作寐」。然而夜半有力者負之而走，昧者不知也，猶言夜半有力者，負舟汕而走，則寐者不知也。藏小大有宜，猶有所遯，謂藏物大小各有所宜，然猶有所逃遁，而不能保有也。若夫，轉語辭。猶言至於也。藏天下於天下，而不得所遯，猶言公天下於天下，而無所私藏，則不患有所逃遁矣。是、猶此也，指上文藏天下於天下而不得所遯言。恒物，謂大道。大道永恒不變，故以恒物稱之。大情，猶言大理。是恒物之大情也，謂藏天下於天下，而不得所遯，乃大道之大理也。特、猶獨也。犯、猶言遇也。特犯人之形，而猶喜之，猶言獨遇人之形。而猶喜之。若人之形者，萬化而未始有極也。其爲樂可勝計邪，謂人形千變萬化，由未生而生，由少而老，由老而死，由死而化爲異物，而無窮極，則其可樂者亦隨人形之千變萬化而無窮極也。聖人將遊於物之所不得遯而皆存，謂聖人將以天下藏於天下爲心，而與萬物俱存也。夭、馬其昶云：「少也。」善夭善老，善始善終，人猶效之，猶言善少善老，善生善死，人猶法之。一化，謂一切變化，猶言萬化。又況萬物之所係而一化之所待乎，謂道爲萬物之所係而成，萬化之所待而變，則更當以之爲法也。

(三)情，猶言實也，眞也。信，猶言徵也。夫道，有情有信，無爲無形，謂道之爲物，有實有徵，而無爲無形也。此與老子「杳兮冥兮，其中有精，其精甚眞，其中有信」之意相同。受，與授通。可傳而不可受，可得而不可見，謂道可以心傳而不可以口授，可以心得而不可以目見也。自本自根，謂道由道自生，別無生道之根本也。以，同已。未有天地，自古以固存，謂道在未有天地之前，即已本存也。兩神字，均作動詞用，謂神化也。神鬼神帝，生天生地，謂道能神化鬼與帝，創造天與地也。在太極之先而不爲高，在六極之下而不爲深，謂道瀰宇內，無所不在也。先天地生而不爲久，長於上古而不爲老，謂道貫古今，無時不在也。狶韋，古帝王名。挈，提挈也。狶韋氏得之，以挈天地，謂狶韋氏得道，乃能提挈天地而不墜也。伏戲，即伏犧，亦古帝王名。襲，合也，猶言協調也。氣母，謂陰陽二氣。伏犧得之，以襲氣母，謂伏犧得道，乃能協調陰陽也。維斗，即北斗星。不忒、猶言不變。維斗得之，終古不忒，謂北斗星得道，乃能斗柄朝北，永久不變也。日月得之，終古不息，謂日月得道，乃能運行永久不停也。堪坏，山神名。襲、入也。堪坏得之，以襲崑崙，謂堪坏得道，乃能入崑崙山爲神也。馮夷，河神名。大川，謂黃河。馮夷得之，以遊大川，謂河神得道，乃得遊於黃河之中也。肩吾，神人名，詳見逍遙遊、應帝王等篇。肩吾得之，以處大山，謂神人得道，乃能居於大山之中也。黃帝，古帝王名。黃帝得之，以登雲天，謂黃帝得道，乃能升天也。黃帝升天事，乃一古代神話，詳見史記封禪書。顓頊，古代帝王名。顓頊得之，以處玄宮，謂顓頊得道，乃能居北方之玄宮也。錢穆云：「此晚周陰陽家言。」禺強，北海神名。禺強得之，立乎北極，謂北海神得道，乃能立於北極也。西王母，女神名。少廣，西極山名。西王母得之，坐於少廣，莫知其始，莫知其終，謂西王母得道，乃能長坐於少廣山，而無人知其生卒也。五伯，即五霸，猶言春秋時代。彭祖得之，上及有虞，下及五伯，謂彭祖得道，乃能享壽，由有虞以迄春秋時代也。傅說，司馬云：「殷相也。武丁、殷高宗也。」東維、箕、尾，皆列星名。傅說死後，亦爲列星之一。傅說得之，以相武丁，奄有天下，乘東維，騎箕尾，而比於列星，謂傅說得道，乃能於生時相武丁，保有天下，又於死後成爲列星，而位在東維、箕、尾諸星之上方，猶如乘騎之也。

南伯子葵問乎女偊，曰：「子之年長矣，而色若孺子，何也？」曰：「吾聞道矣。」南伯子葵曰：「道可得學邪？」曰：「惡，惡可！子非其人也。夫卜梁倚，有聖人之才，而無聖人之道。我有聖人之道，而無聖人之才。吾欲以敎之，庶幾其果爲聖人乎？不然，以聖人之道，告聖人之才，亦易矣。吾猶守而告之，參日而後能外天下。已外天下矣，吾又守之，七日而後能外物。已外物矣，吾又守之，九日而後能外生。已外生矣，而後能朝徹。朝徹而後能見獨。見獨而後能無古今。無古今而後能入於不死不生。殺生者不死，生生者不生。其爲物，無不將也，無不迎也；無不毀也，無不成也。其名爲攖寧，攖寧也者，攖而後成者也。」㈠南伯子葵曰：「子獨惡乎聞之？」曰：「聞諸副墨之子。副墨之子聞諸洛誦之孫。洛誦之孫聞之瞻明。瞻明聞之聶許。聶許聞之需役。需役聞之於謳。於謳聞之玄冥。玄冥聞之參寥。參寥聞之疑始。」㈡

校　釋

㈠南伯子葵，即齊物論篇之南郭子綦。伯者，尊稱之辭。葵、李頤云：「當爲綦聲之誤。」偊、音禹。女偊，乃假託得道之寓言人物。色若孺子，猶言色如幼兒也。惡、音烏。上惡字，爲否定歎詞。下惡字，爲疑問代名詞，猶言何也。卜梁倚，李頤云：「卜梁姓，倚名。」才，謂天賦之才能。守，謂守候，猶言等待也。參，同三。外、猶言忘也。吾猶守而告之，參日而後能外天下，謂吾猶守候三日而告之，乃能忘世也。已外天下矣，吾又守之，七日而後能外物，謂已忘世矣，吾又守候七日，乃能忘物也。已外物矣，吾又守之，九日而後能外生，謂已忘物矣，吾又守候九日，乃能忘生也。朝徹，謂精神清明如朝氣也。已外生矣，而後能朝徹，謂已忘生矣，而後乃能精神清明也。獨、謂道。道、絕對無待，故以獨稱之。朝徹而後能見獨，謂精神清明而後乃能見絕對之道也。無、猶言忘也。古今、謂時或年。見獨而後能無古今，謂見絕對之道，而後乃能忘年也。無古今而後能入於不死不生，謂忘年而後乃能體會道之不死不生的精神境界也。殺生者與生生者，均指道言。殺生者不死，生生者不生，謂道能殺物，亦能生物，而道之本身則不死不生也。其、指道言。爲、猶於也。爲可訓於，詳見釋詞。將、送也。其爲物，無不將也，無不迎也，無不毀也，無不成也，謂道之於物，無不一面有所送，又一面有所迎，一面有所毀，又一面有所成也。不有所送則無所迎，不有所毀則無所成，故道又可名爲攖寧。楊文會云：「攖者、煩擾也。寧者、沉靜也。兩門相反，適以相成。」送與毀，皆不免有煩擾。然迎與成，則歸於寧靜。經過煩擾而歸於寧靜，乃能識道。故曰攖寧也者，攖而後成者也。

按上文言修道之精神境界有七：首爲忘世，次爲忘物，三爲忘生，四爲朝徹，五爲見獨，六爲忘古今，最後爲心與不死不生之道合爲一體。

(二)子獨惡乎聞之，謂子獨聞道於何處也。副、削也、析也。墨、繩墨也。古代削竹爲簡，畫以墨線，而書文字於竹簡之上。故副墨卽謂竹簡，亦謂文字也。子孫世代相傳，故本文借用爲流傳之意，不宜以常義釋之。諸、猶言之於也。聞諸副墨之子，謂聞道於文字之流傳也。洛誦、記誦也，猶言語言也。副墨之子聞諸洛誦之孫，謂文字之流傳得之於語言之流傳也。瞻明、謂目見。洛誦之孫聞之瞻明，謂語言之流傳得之於目見也。聶許、謂耳聽。瞻明聞之聶許，謂目見得之於耳聽也。需役、謂修行。聶許聞之需役，謂耳聽得之於修行也。於、音烏。於謳、謳歌也，猶言讚歎也。需役聞之於謳，謂修行得之於讚歎也。於謳聞之玄冥，謂讚歎得之於玄同杳冥無形之境界也。玄冥聞之參寥，謂玄冥之境界得之於寥廓無極之境界也。疑，與擬通，與擬人、擬神之擬字同義。始、謂萬物原始之道。參寥聞之疑始，謂參寥之境界得之於比擬萬物原始之道之境界也。

按上文言修道由淺入深之次第有九：一爲文字，二爲語言，三爲目見，四爲耳聽，五爲修行，六爲讚歎，七爲玄冥，八爲參寥，九爲疑始。修道至能領悟玄冥、參寥與疑始之精神境界，始爲得道也。

子祀、子輿、子犂、子來四人相與語，曰：「孰能以無爲首，以生爲脊，以死爲尻？孰知生死存亡之一體者，吾與之友矣。」四人相視而笑，莫逆於心。遂相與爲友。俄而子輿有病，子祀往問之。曰：「偉哉，夫造物者將以予爲此拘拘也？」曲僂發背，上有五管，頤隱於臍，肩高於頂，句贅指天，陰陽之氣有沴。其心閒而無事，跰䟕而鑑於井，曰：「嗟乎，夫造物者又將以予爲此拘拘也！」子祀曰：「汝惡之乎？」曰：「亡，予何惡？浸假而化予之左臂以爲卵，予因以求時夜。浸假而化予之右臂以爲彈，予因以求鴞炙。浸假而化予之尻以爲輪，以神爲馬，予因而乘之，豈更駕哉！且夫得者時也，失者順也。安時而處順，哀樂不能入也。此古之所謂縣解也。而不能自解者，物有結之。且夫物不勝天久矣，吾又何惡焉！」㈠俄而子來有病，喘喘然將死，其妻子環而泣之。子犂往問之，叱曰：「避，無怛化！」倚其戶，與之語，曰：「偉哉造化！又將奚以汝爲？將奚以汝適？以汝爲鼠肝乎？以汝爲蟲臂乎？」子來曰：「父母於子，東西南北，唯命之從。陰陽於人，不翅於父母。彼近吾死，而我不聽，我則悍矣，彼何罪焉！夫大塊載我以形，勞我以生，佚我以老，息我以死。故善吾生者，乃所以善吾死也。今大冶鑄金，金踴躍曰：我且必爲鏌鋣，大冶必以爲不祥之金。今一犯人之形，而曰人耳，人耳，夫造化者必以爲不祥之人。今一以天地爲大鑪，以造化爲大冶，惡乎往而不可哉！」成然寐，蘧然覺。

校釋

(一)子祀、子輿、子犁、子來四人，均爲得道之寓言人物。相與語曰，謂此四人相語，其言如下文也。無、謂道。孰能以無爲首，以生爲脊，以死爲尻，猶言孰能視道爲頭，視生爲脊，視死爲尻也。孰知生死存亡之一體者，吾與之友矣，猶言孰知生死本爲一體，有生卽有死者，則吾與之爲友矣。莫逆於心，謂四人皆默契生死一體之言也。俄、俄頃也。夫、彼也。造物者，謂道，以道能造物也。此、子輿指其身。拘拘、疑當讀爲區區，聲近而混。曰：偉哉，夫造物者，將以予爲此拘拘也，猶言子輿曰：大哉，彼造物之道，將以予造爲此區區之身邪。傴僂發背，謂腰彎背駝。上有五管，與人間世篇之五管在上同義。臍作齊，齊、古臍字。頤隱於臍，解見人間世。肩高於頂，解亦見人間世。句贅[illegible]云：「項椎也。」句贅與人間世之會撮同義。沴、音麗，不利也。陰陽之氣有沴[illegible]謂陰陽之氣又不利，猶言又患病也。而、猶如也。其心閒而無事，謂子輿之中心安閒如無事也。跰躃，音硯鮮，與盤跚同義，猶言徘徊也。鑑、照也。跰躃而鑑於井，謂徘徊井旁，而照於井水也。

曰：嗟乎，夫造物者又將以予爲此拘拘也，謂子輿對井中之影而歎曰：嗟乎，彼造物之道，又將以予造爲此區區之身邪！汝、原作女，茲改爲汝，子祀對稱子輿。汝惡之乎，謂汝厭惡此區區之身乎？亡、釋詞云：「同無，否也。」曰：亡，予何惡，謂子輿答曰：否，予何所厭惡也。浸假，猶言漸次也。卵字，各舊本作雞，茲從奚侗說依齊物論校改。浸假而化予之左臂以爲卵，予因以求時夜，謂予之左臂將漸次變爲雞卵，予因而得爲司晨之雄雞也。浸假而化予之右臂以爲彈，予因以求鴞炙，謂予之右臂將漸次變爲彈丸，予因而得食鴞炙也。浸假而化予之尻以爲輪，以神爲馬，予因而乘之，豈更駕哉，謂予之尻將漸次變爲車輪，精神變爲馬，予因得乘之，豈另改駕哉！郭注云：「無往不因，無因不可」，謂隨化而安之也。且夫得者至縣解也，解詳養生主篇。而不能自解者，物有結之，謂物懸而不能自解者，以另有物繫之也。且夫物不勝天久矣，謂凡物皆不能不隨自然而變化，由來已久矣。吾又何惡焉，猶言吾又何所厭惡乎！

(二)喘喘然將死，謂喘氣將死也。其妻子環而泣之，謂子來之妻子圍繞子來而哭也。問、往問病也。叱曰，原作曰叱，誤倒，茲依文義乙。叱、呵斥也。避、退避也。無、猶勿也。怛、驚也。化、謂人由生而死之自然變化。叱曰、避、無怛化，謂子犂呵斥曰：退避，勿以哭泣驚擾人之死也。倚其戶，與之語，謂子犂依戶，而與子來言也。造化，謂道，以一切物化皆爲道所造也。曰：偉哉造化，又將奚以汝爲，將奚以汝適，謂子犂曰：大哉道，又將化汝爲何物。使汝何往乎？以汝爲鼠肝乎，以汝爲蟲臂乎？謂汝死後將化爲鼠肝乎，抑化爲蟲臂乎？子來曰：父母於子，東西南北，唯命之從，謂子來答曰：子於父母，不論東西南北，無不從命也。翅，同啻。不啻，猶言無異也。陰陽於人，不翅於父母，猶言人之於陰陽，無異於子之於父母，亦不得不唯命是從也。彼，指陰陽言。近，宣穎云：「迫也。」彼近吾死，而我不聽，我則悍矣，彼何罪焉，猶言陰陽迫令吾死，如我不聽，則我太強悍，陰陽有何罪乎？大冶、冶金之人。踊躍、跳躍也。鏌鋣、良劍名。今大冶鑄金，金踊躍曰：我且必爲鏌鋣。大冶必以爲不祥之金，謂冶金之人鑄金，如金在鑪中跳躍曰：我且必爲鏌鋣名劍，則冶金之人必以爲不祥之金也。而曰、猶言則曰也，即曰也。夫、彼也。今一犯人之形，而曰人耳，人耳，夫造化者必以爲不祥之人，猶言今一經成人之形，即曰人矣，人矣，彼造物者必以爲不祥之人也。一、皆也。今一以天地爲大鑪，以造化爲大冶，惡乎往而不可哉，猶言今萬物皆以天地爲大鑪。以造化爲大冶，則何所往而不可乎？成然、熟睡貌。蘧然、安適貌。成然寐，蘧然覺，謂子來言畢。即熟睡無夢，覺後亦安適無憂，絕不以生死爲念也。

子桑戶、孟子反、子琴張三人相與友，曰：「孰能相與於無相與，相爲於無相爲？孰能登天遊霧，撓挑無極，相忘以生，無所終窮？」三人相視而笑，莫逆於心，遂相與友。莫然有間，而子桑戶死，未葬。孔子聞之，使子貢往侍事焉。或編曲，或鼓琴，相和而歌曰：「嗟來桑戶乎，嗟來桑戶乎！而已反其眞，而我猶爲人猗！」子貢趨而進，曰：「敢問臨尸而歌，禮乎？」二人相視而笑，曰：「是惡知禮意！」子貢反，以告孔子，曰：「彼何人者邪？修行無有，而外其形骸。臨尸而歌，顏色不變，無以命之。彼何人者邪？」(一)孔子曰：「彼遊方之外者也，而丘遊方之內者也。外內不相及，而丘使汝往弔之，丘則陋矣。彼方且與造物者爲人，而遊乎天地之一氣。彼以生爲附贅縣疣，以死爲決疣潰癰。夫若然者，又惡知死生先後之所在？假於異物，託於同體。忘其肝膽，遺其耳目。反覆終始，不知端倪。芒然彷徨乎塵垢之外，逍遙乎無爲之業。彼又惡能憒憒然爲世俗之禮，以觀衆人之耳目哉！」(二)子貢曰：「然則夫子何方之依？」孔子曰：「丘，天之戮民也。雖然，吾與汝共之。」子貢曰：「敢問其方。」孔子曰：「魚相造乎水，人相造乎道。相造乎水者，穿池而養給。相造乎道者，無事而生足。故曰：魚相忘乎江湖，人相忘乎道術。」子貢曰：「敢問畸人。」曰：「畸人者，畸於人而侔於天。故曰：天之小人，人之君子。天之君子，人之小人也。」(三)

校釋

㈠子桑戶、孟子反、子琴張三人，均爲得道之寓言人物。於、猶如也。無、猶不也。孰能相與於無相與，相爲於無相爲，謂誰能相與如不相與，相爲如不相爲，而彼此相忘也。撓挑、李頤云：「猶宛轉也。」孰能登天遊霧，撓挑無極，相忘以生，無所終窮，謂誰能遊心於天上，宛轉於無極之境界，而忘生死也。莫然、奚侗云：「莫、漠也。莫然、謂寂漠無言。」莫然有間，謂三人寂漠無言而有頃也。侍字、各舊本作待，茲依陳景元莊子闕誤引張君房本校改。侍事、謂助理喪事也。曲、謂輓歌。或編曲，或鼓琴，相和而歌，謂孟子反、子琴張二人，或編輓歌，或鼓琴聲，相和而歌也。嗟來，歎詞也。釋詞云：「來、句中語助也。嗟來，猶嗟乎也。」而已之而字，猶爾也。反、歸也。眞、謂道，或自然。猗、同兮，語末感歎助詞。而已反其眞，而我猶爲人猗，謂爾已反歸自然，而我猶爲人兮。自嗟來至爲人猗二十一字，爲輓歌之辭。是、代名詞，指子貢而言。是惡知禮意，謂子貢何知禮意也。子貢反，以告孔子，謂子貢返歸，以孟子反、子琴張臨尸而歌之情況告孔子也。彼何人者邪，謂孟子反、子琴張爲何種人也。無有、猶言無，謂道—自然之道。修行無有，而外其形骸，謂修行自然之道，而忘其形骸也。臨尸而歌，顏色不變，謂臨尸不哭而歌，顏色如常也。無以命之，謂如此之人無以名之也。

(二)方、猶言世也。彼遊方之外者也，而丘遊方之內者也，謂彼等乃遊心世外之人，而我則遊心世內之人也。外內不相及，而丘使汝往弔之，丘則陋矣，謂世外與世內之事不相干，而我使汝往弔之，則未免陋也。爲人、猶言爲偶也。彼方且與造物者爲人，而遊乎天地之一氣，謂彼等方將與道爲偶，而遊心於天地之一氣，無生死之別也。附、附屬也。贅、人身多餘之肉。縣、讀爲懸。疣、音尤，小瘤也。決、破也。疣、音換，疽也。彼以生爲附贅縣疣，以死爲決疣潰癰，謂彼等以生爲贅瘤之附懸而不悅之，以死爲癰疽之潰決而不惡之。夫若然者，又惡知死生先後之所在，謂如此之人，又何知死生先後之分乎？假於異物，託於同體，謂人身不過假借各種不同之物質，以寄託於同一之體而構成也。忘其肝膽，遺其耳目，謂既以人身爲和合各種物質而成，則忘其何爲肝膽，亦忘其何爲耳目也。反覆終始，不知端倪，謂人之物化，反覆無窮，不知其由來也。芒、音忙。芒然、廣大貌。彷、音旁。彷徨、徘徊也。芒然彷徨乎塵垢之外，逍遙乎無爲之業，謂心境廣大，徘徊於世俗之外，逍遙於自然之道也。憒憒然，不憚煩貌。觀、猶今言炫耀也。彼又惡能憒憒然爲世俗之禮，以觀衆人之耳目哉，謂彼等又何能不憚煩而爲世俗之禮，以炫耀世人之耳目哉。

(三)然則夫子何方之依，謂世外既可遊，則先生究以世外或世內爲依歸乎？天之戮民、猶言天之罪人，以得罪於天也。雖然，吾與汝共之，謂吾雖爲天之罪人，亦可與汝共遊於世外也。敢問其方，謂請問共遊世外之法。相造，猶言相遊。魚相造乎水，人相造乎道，謂魚相遊於水，人相遊於道也。相造乎水者，穿池而養給，謂相遊於水之魚，在池中遊來遊去，即足養也。生足之足字，原作定，茲從俞樾說校改。相造乎道者，無事而生足，謂相遊於道之人，順其自然，即足生也。魚相忘乎江湖，人相忘乎道術，謂魚在江湖之中，則彼此相忘，人在道術之中，亦彼此相忘也。畸，猶異也。侔，猶同也。畸人者，畸於人而侔於天，謂異人者，乃異於人而同於天也。天之小人，人之君子，謂講究俗禮，不順自然之人，由天觀之，則為小人，由人觀之，則為君子也。天之君子，人之小人，原作人之君子，天之小人，茲依王先謙說校乙。此句謂順乎自然，不講俗禮之人，由天觀之則為君子，由人觀之則為小人也。

顏回問仲尼曰：「孟孫才，其母死，哭泣無涕，中心不慼，居喪不哀。無是三者，以善喪蓋魯國，固有無其實而得其名者乎？回一怪之。」㈠仲尼曰：「夫孟孫氏盡之矣，進於知矣。唯簡之而不得，夫已有所簡矣。孟孫氏不知所以生，不知所以死，不知就先，不知就後，若化為物，以待其所不知之化已乎！且方將化，惡知不化哉？方將不化，惡知已化哉？吾特與汝其夢未始覺者邪！且彼有駭形而無損心，有旦宅而無情死。孟孫氏特覺，人哭亦哭，是自其所以乃。且也相與吾之耳矣，庸詎知吾所謂吾之非吾乎？且汝夢爲鳥而厲於天，夢爲魚而沒於淵。不識今之言者，其覺者乎？其夢者乎？造適不及笑，獻笑不及排，安排而去化，乃入於寥天一。」(二)

校釋

(一)孟孫才、李頤云：「孟孫、三桓後，才、其名也。」是、猶此也，指上文哭泣無涕，中心不慼，居喪不哀三者而言。蓋、與蓋世蓋代之蓋字同義，猶言冠絕也。善喪、猶言盡孝也。無是三者以善喪蓋魯國，謂哭無淚，心不慼，喪不哀，而以盡孝之名，冠絕魯國也。固有無其實而得其名者乎，謂本有無盡孝之實，而得盡孝之名者乎？一、釋詞云：「語助也。」回一怪之，猶言回怪之，謂回不解也。

(二)夫、發語詞。孟孫氏盡之矣，進於知矣，謂孟孫氏已盡孝道，不僅知孝道也。唯簡之而不得，謂唯以喪事爲世俗所重，不能完全從簡也。夫已之夫字，猶彼也，指孟孫氏而言。夫已有所簡矣，謂孟孫氏居喪哭泣而不哀慼，是已有所簡矣。孟孫氏不知所以生，不知所以死，謂孟孫氏以生死皆出於自然，而不知其所以然也。先後、謂生死。不知就先，不知就後，謂既以生死皆出於自然，則不知趨生避死也。若化爲物，以待其所不知之化已乎，謂孟孫氏視人之死，如人化爲物，以待其所不知之化而已也。且方將化，惡知不化哉，方將不化，惡知已化哉，謂萬化流行，繼續不息，無從知其已化未化也。郭注云：「已化而生，焉知未生之時哉。未化而死，焉知已死之後哉。故無所避就，而與化俱往也。」特、獨也。其、猶殆也。未始、猶言未曾也。吾特與汝其夢未始覺者邪，謂吾獨與汝不知生死之應順乎自然，殆如夢而未曾覺者乎？駭形、猶言變形。彼有駭形而無損心，謂孟孫氏以人死爲形變而不傷心也。旦、章炳麟云：「旦、卽嬗、禪等字之借。」寓言篇云：「萬物皆種也，以不同形相禪。」按依章說，旦宅卽禪宅。有禪宅而無情死，謂人死不過以不同形相禪，而非眞死也。乃、章炳麟云：「如此也。」孟孫氏特覺，人哭亦哭，是自其所以乃，謂孟孫氏獨知生死之理，所以如此哭泣無淚也。吾字、作動詞用，謂彼此相對自稱爲吾也。耳，猶而已。且也相與吾之耳矣，謂所謂吾者，不過彼此相對之自稱而已矣。非吾二字，各舊本無，茲依王叔岷說校補。庸詎知吾所謂吾之非吾乎，猶言安知吾所謂吾之非吾乎。而、猶則也。厲、讀爲戾，至也。且汝夢爲鳥而厲於天，夢爲魚而沒於淵，猶言且汝夢爲鳥則至於天上，夢爲魚則沒於淵中也。其、猶抑也。不識今之言者，其覺者乎，其夢者乎，謂不識今之言者，爲覺者乎，抑夢者乎？造、至也。適、謂心境安適。造適不及笑，謂心覺安適而非笑也。獻笑不及排，謂笑形於色而非強笑也。安排而去化，乃入於寥天一，謂安於自然之安排而任其自化，乃得悟入高遠之大道也。

意而子見許由，許由曰：「堯何以資汝？」意而子曰：「堯謂我：汝必躬服仁義，而明言是非。」許由曰：「而奚來爲軹？夫堯既已黥汝以仁義，而劓汝以是非矣，汝將何以遊夫遙蕩恣睢轉徙之塗乎？」意而子曰：「雖然，吾願遊於其藩。」㈠許由曰：「不然。夫盲者無以與乎眉目顏色之好，瞽者無以與乎青黃黼黻之觀。」意而子曰：「夫無莊之失其美，據梁之失其力，黃帝之亡其知，皆在鑪捶之間耳。庸詎知夫造物者之不息我黥而補我劓，使我乘成以隨先生邪！」許由曰：「噫，未可知也。我爲汝言其大略：吾師乎，吾師乎！韲萬物而不爲義，澤及萬世而不爲仁，長於上古而不爲老。覆載天地，刻雕眾形，而不爲巧。此所遊已。」㈡

校釋

㈠意而子，爲假託之寓言人物。資、同齎，猶言助也。堯何以資汝，謂堯如何助意而子也。謂、猶告也。而、猶並也。堯謂我汝必躬服仁義，而明言是非，謂堯告意而子必躬行仁義，並明辨是非也。而、猶爾也，許由對稱意而子。軹、語末疑問助詞，猶言乎也。而奚來爲軹，猶言爾曷爲來乎。黥、音擎，刺面也。劓、音義，割鼻也。黥劓、本爲兩種肉刑，此借用爲破壞自然之意。遙蕩、謂廣大。恣睢、謂自由。轉徙、謂變化。塗、同途，謂道也。此句、猶謂堯既以仁義是非之言，破壞汝之自然之性，則汝將何以遊心於廣大、自由而變化之道乎？藩、猶言邊緣也。雖然，吾願遊於其藩，謂吾雖爲仁義是非之言所黥劓，然亦願遊心於道之邊緣也。

(二)不然、謂不能遊於其藩也。與、讀爲預，謂參與、猶言知也。黼黻、衣裳繪繡之文。此句謂俗人不能知道，猶如盲目者無由知女容之姣好與文繡之美觀也。無莊、美人名。據梁、力士名。亡、讀爲忘。知、讀爲智。捶、同錘。鑪錘、均爲冶金之法，先以鑪冶，再以錘鍊。鑪錘之間，猶言不外鍛鍊。夫無莊之失其美，據梁之失其力，黃帝之亡其智，皆在鑪錘之間而已，謂美人無莊之所以忘其美，力士據梁之所以忘其力，古帝黃帝之所以忘其智，皆不外由於鍛鍊而得道而已。息、王闓運云：「肉復生也，讀若息壤。」乘成、宣穎云：「乘、猶載也。黥劓則體不備，息之補之，復完成矣。」此句謂安知彼造物者不使我之黥劓復原，而得以完體隨先生學道邪。噫，歎詞。未可知也，謂能否學道不可知也。我爲汝言其大略，謂我爲汝言道之大略。莊子以道爲大宗師，故稱道爲吾師。韲、陶光云：「讀爲濟，成也。」韲萬物而不爲義，謂道能完成萬物而不自以爲義也。澤及萬世而不爲仁，謂道能利及萬世而不自以爲仁也。長，讀如長幼之長。長於上古而不爲老，謂道自古已固存，而不自以爲老也。覆載天地，刻雕衆形，而不爲巧，謂道能覆載天地，塑造萬物，而不自以爲巧也。此、指吾師乎下各句。此所遊已，謂吾心所遊之境界，當如此而已。

顏回曰：「回益矣。」仲尼曰：「何謂也？」曰：「回忘仁義矣。」曰：「可矣，猶未也。」他日復見，曰：「回益矣。」曰：「何謂也？」曰：「回忘禮樂矣。」曰：「可矣，猶未也。」他日復見，曰：「回益矣。」曰：「何謂也？」曰：「回坐忘矣。」仲尼蹵然，曰：「何謂坐忘？」顏回曰：「墮肢體，黜聰明，離形去智，同於大通，此謂坐忘。」仲尼曰：「同則無好也，化則無常也，而果其賢乎，丘也請從而後也。」㈠

校釋

㈠回益矣，猶言回進步矣。何謂也，謂所言之進步爲何。回忘仁義矣，謂回之心中無仁義之見也。可矣、猶未也，謂無仁義之見固可矣，但尚有所不足也。回忘禮樂矣，謂回之心中無禮樂之見也。可矣，猶未也，謂無禮樂之見固可矣，但尚有所不足也。回坐忘矣，謂回坐而忘坐，不知有身也。蹵、音促。蹵然、不安貌。墮肢體，黜聰明，謂廢肢體，除耳目，猶言形如槁木，心如死灰。智字、原作知，茲依釋文音讀改。離形去智，同於大通，謂心離跡象而去智辯，則同於大道也。同則無好也，謂同於大道，則無所偏好也。化則無常也，謂任物自化，則無所執着也。而、猶爾也。丘也之也字，語助無義。而果其賢乎，丘也請從而後也，謂爾果爲賢乎，丘請從爾之後而學道也。

子輿與子桑友，而霖雨十日。子輿曰：「子桑殆病矣。」裹飯而往食之。至子桑之門，則若歌若哭，鼓琴曰：「父邪，母邪！天乎，人乎！」有不任其聲，而趨舉其詩焉。子輿入，曰：「子之歌詩，何故若是？」曰：「吾思乎使我至此極者而弗得也，父母豈欲吾貧哉！天無私覆，地無私載，天地豈私貧我哉！求其爲之者而不得也。然而至此極者，命也夫！」(一)

校釋

(一)霖雨、大雨也。裹飯、以布包飯也。食、讀爲飼。若歌若哭，謂既似歌，又似哭也。父邪，母邪，天乎，人乎八字，爲子桑歌哭之辭。人窮則呼父母，或呼天，故如此云云。有、猶如也。任、克也。聲、謂聲調。趨、同趣，急也，促也。舉、猶言歌也。焉、猶然也，比事之辭。有不任其聲，而趨擧其詩焉，猶言如疲憊不克成聲，而急促歌其詩也。夫、猶乎也，疑問助詞。然而至此極者，命也夫，猶言然而貧困至此極者，乃由於命定乎。

七、應帝王

按應帝王篇，爲莊子之一種無爲政治論。應帝王者，應之帝王也，應而不藏之帝王也，因物付物之帝王也。郭注釋應帝王之應字爲應當之義，與莊子原意不合。王夫之云：「應者、物適至而我應之也。不自任以帝王，而獨全其天，以命物之化而使自治，則天下莫能出吾宗。」斯得此應字之義矣。帝王因物付物之道，須一面順物之自然，又一面以天下爲公，而無私焉。故本篇云：「遊心於淡，合氣於漠。順物自然，而無容私焉，而天下治矣。」此本篇之大旨也。

齧缺問於王倪，四問而四不知。齧缺因躍而大喜，行以告蒲衣子。蒲衣子曰：「而乃今知之乎！有虞氏不及泰氏。有虞氏，其猶藏仁以要人，亦得人矣，而未始出於非人。泰氏，其臥徐徐，其覺于于，一以己爲馬，一以己爲牛，其知情信，其德甚眞，而未始入於非人。」(一)

校釋

㈠四問而四不知、謂齧缺一問子知物之所同是否，二問知子之所不知否，三問知物無知否，四問知利害否，而王倪皆答不知也，詳見齊物論。蒲衣子、爲一得道之寓言人物。齧缺因躍而大喜，行以告蒲衣子，猶言齧缺因聞王倪不知之言，而躍起大喜，且以告蒲衣子也。而乃今知之乎，猶言爾至今始知之乎！有虞氏、謂舜。泰氏、上古帝王名。有虞氏不及泰氏，謂舜之德不及泰氏也。其、代名詞，重指主詞。藏、猶言懷也。要、音邀，要結也。其猶藏仁以要人，謂舜猶「懷仁心以結人也。」（語本釋文崔注。）非人、宣穎云：「非人者，物也，有心要人，猶係於物，是未能超然出於物之外也。」徐徐、司馬云：「安穩貌。于于、無知貌。」其臥徐徐，其覺于于，謂泰氏臥則安適，覺則無知也。一、猶或也。己、猶之也，指泰氏而言。一以己爲馬，一以己爲牛，謂或以之爲馬，或以之爲牛，而泰氏遊心大道，處之泰然也。其知情信，其德甚眞，而未始入於非人，謂泰氏之知能確信，而德亦甚眞，未曾離於道而陷入於物之中也。

肩吾見狂接輿，狂接輿曰：「日中始何以語汝？」肩吾曰：「告我，君人者以己出經式義度，人孰敢不聽而化諸？」接輿曰：「是欺德也。其於治天下也，猶涉海鑿河，而使蚉負山也。夫聖人之治也，治外乎？正而後行，確乎能其事者

而已矣。且鳥高飛，以避矰弋之害；鼷鼠深穴乎神丘之下，以避熏鑿之患，而曾二蟲之無知！」㈠

校釋

㈠狂接輿、猶言狂者接輿。日、謂往日。中始、乃一寓言人物。日中始何以語汝，猶言往日中始何以告汝也。義、王念孫云：「讀爲儀。經式儀度，皆謂法度。」諸、猶言之乎也。此句，猶謂君人者以己制有法度，則孰敢不從而化之乎。是、此也，指上句而言。是欺德也，謂此乃欺人之言，不可信也。其、指以法度制人之君人者。其於治天下也，猶涉海鑿河，而使蚉負山也，謂君人者專以法度治天下，猶如使蚉蟲負山，以求涉海鑿河，乃絕不可能之事也。夫聖人之治也，治外乎，謂聖人之治，非治外也。正而後行，確乎能其事者而已矣，謂聖人之治，須確能先自正其性命，然後化及天下而已。矰弋、謂以生絲繫矢而射鳥也。且鳥高飛，以避矰弋之害，謂鳥之所以高飛者，以避弋射之害也。鼷鼠、小鼠也。穴、掘洞也。神丘、謂置於山丘之神社。熏、謂以火烟熏鼠洞。鑿、謂以刀鑿開鼠洞也。鼷鼠深穴乎神丘之下，以避熏鑿之患，謂小鼠深深掘洞於神社之下者，以神社爲衆人所愛護，可避火燒鑿開之患也。而、爾也。曾、乃也。二蟲、指鳥鼠言。無、不也。而曾二蟲之無知，猶言爾乃不知鳥鼠之知避患乎。鳥鼠尚知避患，則人對於法令更知避患而不從之矣。

天根遊於殷陽，至蓼水之上，適遭無名人而問焉。曰：「請問爲天下。」無名人曰：「去，汝鄙人也，何問之不豫也！予方將與造物者爲人，厭則又乘夫莽眇之鳥，以出六極之外，而遊無何有之鄉，以處壙埌之野。汝又何寱以治天下感予之心爲？」又復問，無名人曰：「汝遊心於淡，合氣於漠，順物自然，而無容私焉，而天下治矣。」(一)

校釋

(一)天根與無名人，均爲假託之寓言人物。殷陽、崔譔云：「地名。」蓼水、水名。適遭無名人而問焉，猶言適遇無名人而問之。請問爲天下，謂請問治天下之道。何問之不豫也，謂奈何問得令人不快也。爲人、猶言爲偶，爲友。予方將與造物者爲人，謂予方將與大道爲友也。厭、倦也。夫、彼也。莽眇之鳥，宣穎云：「清虛之氣也。此言以清虛之元氣爲鳥，御之以遨遊於太虛之中也。」無何有之鄉、謂道鄉。壙、同曠。埌、音浪。壙埌之野，猶言廣漠之野。此句、猶謂倦則又乘彼清虛之氣，以遊心於廣漠無邊之道鄉也。寱、各舊本作帠，茲依釋文一本作寱。俞樾云：「帠、釋文、徐音藝。疑帠乃臬字之誤，當讀爲寱。一本作寱者，破叚字爲正字耳。夢語謂之寱。無名人蓋謂天根所問者，皆夢語也。」感、當讀爲撼，動也，擾也。汝又何寱以治天下感予之心爲，謂汝又何所夢囈，而以治天下擾予之心乎。遊心於淡，合氣於漠，謂清靜無爲也。順物自然，而無容私焉，而天下治矣，謂任物自然，而無所私，則天下治矣。

陽子居見老聃，曰：「有人於此，嚮疾彊梁，物徹疏明，學道不勌，如是者可比明王乎？」老聃曰：「是於聖人也，胥易技係，勞形怵心者也。且也虎豹之文來田，猨狙之便，執斄之狗來藉，如是者可比明王乎？」陽子居蹵然曰：「敢問明王之治。」老聃曰：「明王之治，功蓋天下而似不自己，化貸萬物而民弗恃。有莫舉名，使物自喜。立乎不測，而遊於無有者也。」㈠

校釋

㈠陽子居，釋文：「李云：居、名也。子、男子通稱。」按陽、與楊通，居與朱通，故姚鼐謂陽子居即楊朱。嚮與響通，響疾，謂敏捷如響之急也。彊梁、謂剛強如梁之彊也。物徹疏明，謂通達事物也。勌、同倦。如是者，可比明王乎，謂敏捷、剛彊，通達事物，學道不倦之人。可比明王乎。是、此也，指上句所言之人。胥、胥靡，謂刑徒。胥易、郭慶藩云：「易、治也。胥易、謂胥徒供役治事。技係、若王制凡執技以事上者，不貳事，不移官，是爲技所係也。」怵心、猶言憂心。是於聖人也，胥易技係，勞形怵心者也，謂敏捷、剛彊、通達事物，學道不倦之人，比之聖人，不過如刑徒百工之憂勞供役，不及遠矣。文、謂毛有花文之皮。來、招致也。田、李頤云：「獵也。」便、捷也。藉、崔譔云：「繫也。」按藉謂以繩拘繫之。此句、謂虎豹以有皮毛而招致獵射，猨狙以能敏捷與狗以能執斄而招致拘繫，亦可比爲明王乎？功蓋天下而似不自己，謂功成而弗居也。化貸萬物而民弗恃，謂化及萬物而民不覺也。有、又也。有莫舉名，使物自喜，謂又不居名，使衆皆自喜有功也。無有，謂大道。立乎不測，而遊於無有者也，謂明王清靜無爲，而遊心於大道也。

鄭有神巫，曰季咸，知人之生死存亡，禍福壽夭，期以歲月旬日若神。鄭人見之，皆棄而走。列子見之而心醉，歸以告壺子，曰：「始吾以夫子之道爲至矣，則又有至焉者矣。」壺子曰：「吾與汝既其文，未既其實，而固得道與！衆雌而無雄，而又奚卵焉？而以道與世亢，必信，夫故使人得而相汝。嘗試與來，以予示之。」㈠明日，列子與之見壺子，出而謂列子曰：「嘻，子之先生死矣，弗活矣，不以旬數矣。吾見怪焉，見濕灰焉。」列子入，涕泣沾襟，以告壺子。壺子曰：「鄉吾示之以地文，萌乎不震不止，是殆見吾杜德機也。嘗又與來。」(二)明日，又與之見壺子，出而謂列子曰：「幸矣，子之先生遇我也。有瘳矣，全然有生矣。吾見其杜權矣。」列子入，以告壺子。壺子曰：「鄉吾示之以天壤，名實不入，而機發於踵，是殆見吾善者機也。嘗又與來。」(三)明日，又與之見壺子，出而謂列子曰：「子之先生不齊，吾無得而相焉。試齊，且復相之。」列子入，以告壺子。壺子曰：「吾鄉示之以太冲莫朕，是殆見吾衡氣機也。鯢桓之審爲淵，止水之審爲淵，流水之審爲淵。淵有九名，此處三焉。嘗又與來。」(四)明日，又與之見壺子。立未定，自失而走。壺子曰：「追之。」列子追之不及，反以報壺子，曰：「已滅矣，已失矣，吾弗及已。」壺子曰：「鄉吾示之以未始出吾宗，吾與之虛而委蛇，不知其誰何。因以爲弟靡，因以爲波流，故逃也。」然後列子自以爲未始學而歸。三年不出，爲其妻爨，食豕如食人，於事無與親，彫琢復樸，塊然獨以其形立。紛而封哉，一以是終。(五)

校釋

㈠神巫、謂精於巫術及相術之專家。季咸、古巫人名。知人之生死存亡，禍福壽夭，期以歲月旬日若神，謂季咸能預言人之生死存亡，禍福壽夭之期，爲某歲某月某旬某日，而如神之精確不爽也。鄭人見之，皆棄而走，郭注云：「不喜自聞死日也。」心醉、向秀云：「迷惑於其道也。」壺子、司馬彪云：「名林，鄭人，列子師。」則、猶乃也。則可訓乃，詳見釋詞。始吾以夫子之道爲至矣，則又有至焉者矣，猶言吾初以夫子之道爲至極，乃更有至極者矣。與、猶爲也。既、盡也，猶言講究也。文、謂名相。實、謂究竟。而、爾也。固、猶乃也。與、讀爲歟。吾與汝既其文，未既其實，而固得道與，猶言吾爲汝講究道之名相，尚未講究道之究竟，爾乃得道歟！而、爾也。焉、猶乎也。衆雌而無雄，而又奚卵焉，謂汝尚未聞道之究竟，猶如衆雌而無雄，爾又何從得卵乎。而、爾也。亢、同抗。夫故、猶言此則也。相、讀如相馬之相。而以道與世亢，必信，夫故使人得而相汝，猶言爾以道與人相抗，必信而有徵，此則令人得以相汝也。嘗試、猶單言試也，請也。嘗試與來，以予示之，謂請與季咸同來，而相予之相也。

㈡出而謂列子，謂季咸出門而告列子也。旬、謂十日。數、讀上聲，動詞，猶言計算也。不以旬數矣，謂壺子之死期將在日內，不出一旬也。吾見怪焉，見濕灰焉，謂吾見壺子之相如怪物。見其氣色如濕灰之不能復燃也。鄉、讀爲向，亦作向，鄉、向、古通，謂往日，下同。地文、猶言土狀。萌、俞樾云：「列子作罪，當從之。罪讀爲𡾰，山貌。」不震、不動也。不正、不齊也。鄉吾示之以地文，𡾰乎不震不正，謂向吾示之以土狀之象，如山之不動不齊也。是、猶彼也，指季咸而言。杜、杜絕也，猶言無也。德機、猶言生機。是殆見吾杜德機也，猶言彼殆見吾無生機也。

(三)瘳、音抽，病癒也。有瘳矣，猶言有救矣。全然有生矣，謂完全有生矣。權、權變，猶言假裝也。吾見其杜權矣，謂吾見壺子之眞相而無權變也。鄉吾示之以天壤，名實不入，而機發於踵，謂向吾示之以天壤一氣之象，無從名言指實，而氣機發生於足踵也。者、語助，無義。或釋爲之，亦可通。是殆見吾善者機也，猶言彼殆見吾之善機也。嘗、試也，猶言請也。又與來，謂請與季咸同來也。

(四)子之先生不齊，吾無得而相焉，謂壺子之相前後不同，吾無法相之。試齊，且復相之，謂請壺子整齊其相之後，再復相之。太冲、太虛也。莫朕、各舊本作莫勝，茲依列子校正。莫朕、謂無朕兆也，無形迹也。衡、平衡也，猶言協調也。吾鄉示之以太冲莫朕，是殆見吾衡氣機也，謂向吾示之以太虛而無朕兆之象，彼殆見吾協調氣機也。鯢桓、簡文云：「鯢、鯨魚也。桓、盤桓也。」審、崔本作潘。奚侗云：「潘當作審，爲瀋沈之叚字，言深淵也。」按瀋、謂水沉之深處。此三句，謂魚遊之深水處爲淵，止水之深水處爲淵，流水之深水處爲淵。陳壽昌云：「鯢桓之水，非靜非動，喻衡氣機。止水靜，喻杜德機。流水動，喻善者機。三者不同，其淵深莫測，則一也。」淵有九名，此處三焉，謂淵有九種，（詳見列子。）此所言者只居其三而已。

㈤立未定，自失而走，謂季咸立未定，即自逃而走也。已滅矣，已失矣，吾弗及矣，謂季咸已不見矣，已逃走矣，吾追之不及矣。吾宗、謂吾所宗師之大道也。鄉吾示之以未始出吾宗，謂向吾所表現於彼者，不外大道而已。虛、與人間世唯道集虛之虛字同義，謂無所執着，無所表示也。蛇、讀爲移。委蛇，猶言隨順。吾與之虛而委蛇，不知其誰何，謂我對彼無所表示，而唯隨順之，則彼不知我爲何如人也。弟、孫志祖云：「讀如稊。稊者、茅之始生也。」靡、披靡也。因以爲稊靡，謂因與之如草之隨風而靡也。因以爲波流，謂因與之如水之隨波而流也。故逃也，謂我既如草之隨風而靡，如水之隨波而流，則無定相可相，故彼不得不逃走也。爨、炊飯也。食、讀爲飼。飼豕如飼人，謂忘貴賤也。於事無與親，謂於事無所偏私也。彫、同雕。雕琢復樸，謂由智巧而復歸於自然之大道也。塊然獨以其形立，謂列子立如土塊之無知無識也。紛、紛紛，猶言一切。封、緘也，謂緘默。一、猶言皆也。是、指上文復樸而言。紛而封哉，一以是終，猶言一切緘默，終身皆以復樸爲歸也。

無爲名尸，無爲謀府，無爲事任，無爲智主。體盡無窮，而遊無朕。盡其所受乎天，而無見得，亦虛而已。至人之用心若鏡，不將不迎，應而不藏，故能勝物而不傷。㈠

校釋

㈠無，猶勿也。尸、主也。無爲名尸，謂勿爲名之主也，猶言名不可專由一人獨享也。無爲謀府，謂勿爲謀之府，猶言計策不可專由一人獨定也。無爲事任，謂勿任事也。智、原作知，茲依釋文音讀改。無爲智主，謂勿主謀也。上四句，謂帝王順物自然，則不可居名，定計，任事，主謀也。體盡無窮而遊無朕，謂體悟廣大無邊之道的境界而行所無事也。見得、現得也。盡其所受乎天，而無見得，亦虛而已，謂聖人盡其天性，而不求有所現得，亦即虛以應物而已。至人之用心若鏡，不將不迎，應而不藏，謂至人之用心，如鏡之照物，不送不迎，物來即應，去則不留也。故能勝物而不傷，謂虛以應物，則不爲物所傷也。

南海之帝爲儵，北海之帝爲忽，中央之帝爲渾沌。儵與忽時相與遇於渾沌之地，渾沌待之甚善。儵與忽謀報渾沌之德，曰：「人皆有七竅，以視聽食息。此獨無有，嘗試鑿之。」日鑿一竅，七日而渾沌死。㈠

校釋

㈠儵、同倏，急也。簡文云：「儵忽取神速爲名，渾沌以合和爲貌。神速、譬有爲，合和、譬無爲。」七竅、謂一口、二耳、二目、與二鼻孔。按本節以寓言說明帝王有爲不如無爲，有竅不如無竅，而總結本篇。

本書引用莊子參考書目

古今校釋及研究莊子之書，無慮數百種，詳見嚴靈峯莊子知見書目。茲所列舉者，僅限於本書引用之參考書目。

莊子：莊周著，郭象注，陸德明釋文。通行古本，有宋本及明本。宋本，卽藝文印書館影印之南華眞經。明本，卽商務印書館影印之世德堂本南華眞經。浙江圖書館及中華書局校刊之莊子，亦皆以世德堂本爲藍本。

莊子疏：成玄英著，見郭慶藩莊子集釋。

南華眞經副墨：陸長庚著，中央研究院藏有。

莊子內篇注：釋德清著，金陵刻經處本，建康書局影印。

南華發覆：性通著，中央圖書館藏有。

莊子翼：焦竑著，廣文書局影印。

莊子南華經批點：歸有光著，宏業書局影印。

莊子解：王夫之著，廣文書局影印。

莊子因：林雲銘著，廣文書局影印。

莊子集釋：郭慶藩著，世界書局校正本，中華書局影印本。

莊子集解：王先謙著，世界書局刊本。

莊子故：馬其昶著，光緒三十二年李國松刊本，黎玉璽影印。

評點莊子故：嚴復著，黎玉璽影印。

莊子詮詁：胡遠濬著，商務印書館出版。

莊子纂箋：錢穆著，三民書局出版。

莊子新編：嚴靈峯著，商務印書館出版。

莊子新釋：張默生著，綠洲書店出版。

語體莊子：李鍾豫著，商務印書館出版。

莊子內篇證補：朱桂曜著，商務印書館出版。

讀書雜志：王念孫著，世界書局本。

諸子平議：俞樾著，世界書局本。

札迻：孫詒讓著，世界書局本。

諸子新證：于省吾著，藝文印書館影印。

莊子解故，齊物論釋：章炳麟著，藝文印書館影印。
讀老莊札記：陶鴻慶著，藝文印書館影印。
莊子斠補：劉師培著，藝文印書館影印。
莊子闕誤：陳景元著，見莊子翼附錄。
莊子闕誤：楊愼著，見函海第十五函。
莊子連詞今訓：徐德庵著，樂天出版社出版。
經傳釋詞：王引之著，商務印書館出版。
高等國文法，詞詮：楊樹達著，商務印書館出版。
莊子哲學：蔣錫昌著，商務印書館出版。
老莊哲學：胡哲敷著，中華書局出版。
莊子衍義：吳康著，商務印書館出版。
中國哲學原論：唐君毅著，香港人生出版社出版。
老莊思想與西方哲學：杜善牧著，三民書局出版。

附錄

莊子識疑

陳啓天

我年十五以後，曾將莊子當文學書讀，能背誦幾篇短篇，但不甚解。年二十五以後，曾將莊子當修養書讀，以求稍稍開濶心胸，修養精神，但苦未能深入，受用無多。年四十五以後，曾將莊子當學術書讀，細讀全書數過，詳加圈點，略記疑義於書眉，並撮述其要旨於拙著中國政治哲學概論第八章。（民國四十年、華國出版社印行。）年七十六以後，又將莊子當消遣書讀，以養天年。乃搜集古今校釋及研究莊子之書三十餘種而讀之，仍覺疑義不少，尚待考訂。玆不揣淺陋，試釋莊子疑義若干條，以就正於學人。至於其疑義尚不能試釋者，則暫從略。莊子爲古書，最爲難讀難解。今所試釋者，不敢自以爲是，故名爲「莊子識疑」云。（本文初稿，原有五十三條。其中有二十二條，已採入莊子淺說中。故玆刪去，只存三十一條。六十年一月啓天補記。）

一、故性長非所斷，性短非所續，無所去憂也。（駢拇）

按本文去字、疑當爲云，形近而誤。云猶言謂也。此句猶謂天生之長脛而不斷之，天生之短脛而不續之，則無所謂憂矣。上文云：「鳧脛雖短，續之則憂。鶴脛雖長，斷之則悲。」此句，正承上文而來，不斷長脛，不續短脛，故曰無所謂憂。馬其昶釋去憂爲藏憂，費解。

二、聞在宥天下，不聞治天下也。（在宥）

按在宥二字，猶今言放任。說文云：「在、存也。」故存在兩字可連用爲同義字。亦有連用存放兩字爲同義字者，可知存字又有放義。說文云：「宥、寬也。」寬謂免加制裁，則宥字亦可引申爲任義，任物自然之義。或解宥爲囿，則非任物自然，與莊子原意不合。

三、淖約柔乎剛強，廉劌彫琢。（在宥）

按淖約、猶言柔弱也。柔字、疑當讀爲擾，猶言馴也。司馬彪云：「擾、柔也。」（見天道篇釋文）顧廣圻云：「柔、擾同字。」（見韓非子識誤）高亨云：「柔擾古音同，通用。漢書高祖紀、學擾龍。應劭曰，擾音柔。周禮天官以擾萬民、鄭注、擾、猶馴也。」（見韓非子補箋）淖約柔乎剛強，謂柔弱馴服剛強也。此與老子「柔弱勝剛強」之說相同。舊注均解此柔字爲柔弱之柔，了無意義。廉劌二字、源出老子「廉而不劌」之語。廉、稜也。稜有角，以喻人之有廉隅圭角也。劌、居衛切，銳利也。稜角銳利則傷人，故老子主張「廉而不劌。」彫與雕通，彫琢、猶今言修理也。廉劌雕琢、謂人之有圭角太銳者則遭人修理也。

四、齧缺之爲人也，聰明睿知，給數以敏。（天地）

按齧缺、蓋一混名，以人缺齒不能齧物而得名。莊子書中以畸形怪狀之混名爲人名之處甚多。而注者多以姓甚名誰強釋之，未免穿鑿。睿、音銳，深明也。知、讀爲智。給、與論語禦人以口給之給字同義，謂捷給也。數、音朔，猶言速也。以、猶而也。給數以敏、謂應對捷速而敏也。

五、賞罰已明，而愚知處宜，貴賤履位，仁賢不肖襲情。（天道）

按而、猶則也。知、讀爲智。履、猶就也。仁字、衍文，宜依武延緒說刪。襲、因也，猶言依也，按也，與韓非子「群臣襲級而進」之襲字同義。情、謂實情。此文猶謂賞罰既明，則智愚各任其宜任之事，貴賤各就其應居之位，賢不肖各依其實情而定，不相混也。

六、老聃曰：意，幾乎！後言夫兼愛，不亦迂乎！（天道）

按意、同噫，歎詞。幾、殆也，危也。老子貴其所謂道德，故以孔子仁義之言爲殆也。後字，疑當爲復，形近而誤。釋文云：「復、言長也。」可證陸德明所見本，作復，不作後，宜依之改正。復、猶言又也。夫字、爲指事之辭。本篇謂孔子既言仁義，又言兼愛，故曰復言。此文句讀、宜於幾乎絕句，而以復言二字屬下讀，較之以後言二字屬上讀而絕句者，易讀易解多矣。

七、斲輪徐，則甘而不固，疾則苦而不入。（天道）

按本文所謂甘苦疑當釋爲美惡。司馬彪以緩急釋甘苦，與徐疾重複，顯然不合。說文云

：「甘、美也。」徐注：「物之甘美者也。」本文甘字，宜依說文，訓爲美。苦字、疑當讀爲楛。荀子勸學篇、問楛者勿告也，楊注：「楛、惡也。」康熙字典云：「凡器物濫惡曰楛。」此文猶謂斲輪緩，則輪美而不能固，急則輪惡而不能入也。如以甘苦兩字之常義解之，則甘謂斲輪緩則舒適，苦謂斲輪急則辛苦，亦可通。

八、故西施病心而矉其里。其里之醜人，見而美之，歸亦捧心而矉其里。（天運）

按矉、音頻，與顰通，謂蹙額也。矉其里、疑當作矉其額，涉下文而誤。作矉其額，則文通意合，亦便讀。如不改里字爲額字，則宜從俞樾說，刪矉字下其里兩字。捧心、謂以手撫胸僞裝心病也。

九、人有心而兵有順，殺盜非殺人，自爲種而天下耳。（天運）

按本文、乃道家對於夏禹以後開國帝王爭取天下之一種看法。人有心、謂人有野心爲帝王。兵有順、謂起兵有人歸順。其不肯歸順者，則以之爲盜而殺之，此之謂「殺盜非殺人。

」殺盜非殺人、本爲墨子成語，見小取篇，此乃借用。種、與「王侯將相寧有種乎」之種字同義，謂人之所由生也。我國古代開國帝王皆有降生受命之神話，即自爲種也。史稱劉邦自認爲白帝子，亦自爲種之一例。自爲種而天下耳，猶謂自以爲天生之帝王而統治天下而已。道家既以古代開國帝王之爭取天下，不過是有野心、有武力，而假託天生，(或天命)自立爲王而已，故不貴之。

十、其作始有倫，而今乎婦？女何言哉！(天運)

按乎婦二字、依上下文意考之，疑當爲胡歸。胡乎因聲同而誤，歸婦因形近而誤。錢穆云：「婦、疑歸字之誤。謂作始有倫，而其歸趨乃至於今之勢也。女、屬下讀，謂子貢。」按本文句讀，婦爲歸誤，均宜從錢說。但「而今乎歸」，尚不成文。由文意推之，乎字疑胡之誤。胡歸、猶言何歸也。

十一、證(音)(鄉)今故，故遙而不悶，掇而不跂，知時無止。(秋水)

按證、謂已知也，確知也。曏字、郭注訓爲明，不切。崔注訓爲往，往謂往時，義較長。時有過去現在與未來，而相續運行不息。曏、謂過去之時，今、謂現在之時，故、謂時之過去，此作動詞用，不當從郭注訓故爲古。證曏今故、猶謂已知過去之時，乃由現在之時而相續過去者也。遙、猶言遠，謂未來之時遠也。悶、愁也。遙而不悶、謂未來之時雖遙，不必愁其不來也。掇、猶言近，謂未來之時近也。跂、與企通，謂企望也。掇而不跂、謂未來之時已近，不必企足而望其即到也。遙掇、郭注釋爲長短，似不如釋爲遠近，更爲切合。知時無止、謂吾人知時之運行，不急不徐，始終不息也。

十二、年不可舉，時不可止。消息盈虛，終則有始。是所以語大義之方，論萬物之理也。（秋水）

按本文亦言時之運行不息。年、亦謂時也。年不可舉，時不可止、猶謂時之運行，不可舉之使速，亦不可止之使停也。消息盈虛、謂日月之盈仄消息。易云：「日中則仄，月盈則食。天地盈虛，與時消息」。終則有始、謂日月之運行，循環不息，日終則月始，月終則日始也。是、猶此也，指上文而言。語、讀去聲，猶言也。義、疑當讀爲議。大義之方，謂大道也。

十三、是其始死也，我獨何能無槪！然察其始，而本無生。（至樂）

按是、猶言彼也，莊子對惠子指稱其妻。其、猶之也，語助，無義。始死，初死也。舊注多以槪然兩字連讀而絕句，誤。司馬彪云：「槪、感也。」是司馬讀槪爲慨，而未與然字連讀也。此文、當於槪字絕句，而以然字屬下讀。然，乃轉語之辭。上句謂我獨何能無感，下句之意與之相反，故須用一然字轉語之。然察其始而本無生、猶謂然察其未生之前，而本無生也。莊子以「生死爲一條」而齊生死，故如此云云。

十四、夫子貪生失理而爲此乎？將子有亡國之事，斧鉞之誅，而爲此乎？將子有不善之行，愧遺父母妻子之醜，而爲此乎？將子有凍餒之患，而爲此乎？將子之春秋，故及此乎？（至樂）

按夫、發語辭。子、指稱髑髏。爲此、猶言如此也。將、選擇連詞，猶抑也。斧鉞之誅、謂死刑。春秋、謂年壽。故、與固通，本也。此文、猶謂夫子貪生失理，而如此乎？抑子有亡國之事，斧鉞之誅，而如此乎？抑子有不善之行，愧遺父母妻子之醜，而如此乎？抑子之年壽，本至此乎？

十五、操舟可學邪？曰：可、善游者數能。若乃夫沒人，則未嘗見舟而便操之也。（達生）

按數、音朔，猶言多也。善游者數能，謂善游水者多能學操舟也。沒人、謂水居而能沒入水中之人，猶今蛙人。便、同卽，詳見楊樹達詞詮。

十六、器之所以疑神者，其是與！（達生）

按疑字、疑當讀爲擬。疑擬古通，故韓非子說疑篇借疑爲擬。擬、猶言比也，如也。器之所以擬神、猶言器之所以如神也。者字、爲別事之辭，提示此句。其是與、江南古藏本作其由是與，詳見陳景元及楊愼之莊子闕誤兩書。按有由字、是，宜依江南古藏本補。其、爲擬議之辭。由、猶言猶也。由猶音同，古通。是、代名詞，猶此也，指上文「梓慶削木爲鐻，見者驚猶鬼神」而言。與、讀爲歟，疑問助詞。其由是與、猶言其猶此歟，與史記老子傳「其猶龍邪」及李斯傳「其猶人哉」之句法相同。

十七、君子淡以親，小人甘以絕。彼無故以合者，則無故以離。（山木）

按本文中四以字，均當訓爲而。釋詞云：「以、猶而也」。此文以字上下字義相反，故宜以而字釋之。絕、猶言疏也，與上句親字對比立言。此文、猶謂君子淡而親，小人甘而疏，彼無故而合者，則無故而離也。

十八、目之所不宜處，不給視；雖落其實，棄之而走，其畏人也。而襲諸人間，社稷存焉爾。（山木）

按處、讀上聲，謂巢也。燕子飛入人家，先察可否營巢。如不可營巢，則不顧而去。此之謂目之所不宜處，不給視。實、謂食物。燕子口含之食物，雖落於地，亦不顧而去。此之謂雖落其實，棄之而走。其、殆也，猶言似乎。其畏人也四字，宜與上文十七字合爲一句讀，猶謂燕子不營巢，棄食而走，似乎畏人也。襲、入也。諸、於也。人間、謂人家。社、喩燕巢。稷、喻燕食。存焉爾，猶言在此而已。上句謂燕似畏人，而此句則謂其仍入人家者，以巢與食皆在此而已。舊注不解其字之義，而以其畏人也四字屬下句讀，誤。

十九、其諫我也似子，其道我也似父。（田子方）

按道字，古與導通。此當讀爲導，謂教導也。楊愼莊子闕誤，謂江南古藏本道作導，宜依之改爲導，以便讀。

二十、典法無更，偏令無出。（田子方）

按典法、謂成典之法。偏令，謂一偏之令。偏之爲言，片也。偏令，猶言片令，一令也。典法無更，偏令無出，猶謂不改一法，不出一令也。

二十一、明見無值，辯不若默。（知北遊）

按無值二字，舊注多誤解。無、猶不也。值、猶言遇也，逢也。就上下文意會通釋之，則無値當解爲不遇解者。明見無値，辯不若默，猶謂明達之見不遇解者，則辯亦無益，不如不辯也。

二十二、所謂道，惡乎在？莊子曰：無所不在。東郭子曰：期而後可。莊子曰：在螻蟻。（知北遊）

按期字，疑當讀爲奚，期奚一聲之轉，故古可通用。奚、何也。期而後可，猶言指明何在乃可也。上句謂無所不在，並未指明所在，故復問曰期而後可。郭注云：「欲令指名所在」，得其意矣。

二十三、是三者雖異，公族也。昭景也，著戴也；甲氏也，著封也，非一也？（庚桑楚）

按是，猶此也。此三者，指上文「以無有（按無有謂道。）爲首，以生爲體，以死爲尻」而言。是三者雖異，公族也，猶謂此三者雖不同，然猶如公族之同出一源也。下文舉楚公族昭景等姓，以證其同出一源。昭景也、著戴也，猶言昭景者乃標明所戴之宗也。甲氏也，著封也，猶言甲氏者乃標明所封之地也。宗姓與封地雖異，然皆同出一源，故下文曰非一也。非一也三字，爲上文兩小句之反詰斷語，宜與上文兩小句合爲一句讀。此也字，讀爲邪，疑問助詞。非一也，猶言非同出一源乎？本文中諸也字之解釋，應隨文而異，讀者宜加注意。

二十四、至信辟金。（庚桑楚）

按辟字，當讀爲避，謂避免，猶言無須也。至信避金，猶謂信之至者，無須以金爲證也。

二十五、此謂眞人。於蟻棄知，於魚得計，於羊棄意。（徐無鬼）

按本文三於字，疑當讀爲如，如於同音，故古可通用。經傳釋詞云：「於、猶如也。」於蟻棄知、猶謂如爲蟻而去其慕羶之智也。於魚得計、猶謂如爲魚而相忘於江湖也。於羊棄意、猶謂如爲羊而去其以羶誘人之意也。此三於字訓爲如，乃應用釋詞之說。其他解說，則參考郭嵩燾之說。此三句謂眞人當如此也。

二十六、或之使，莫之爲，未免於物，而終以爲過。或使則實，莫爲則虛。……或之使，莫之爲，疑之所假。……或使，莫爲，在物一曲，夫胡爲於大方？（則陽）

按此節、乃批評宇宙萬物有無主宰之兩說。季眞主張「莫爲」，謂宇宙萬物無使之而然者，似爲一種無神論。接子主張「或使」，謂宇宙萬物有使之而然者，似爲一種有神論。此兩說、只就物立言，而非就道立言，故終皆有誤。此之謂「或之使，莫之爲，未免於物，而終以爲過。」或使則實，猶言謂宇宙萬物有使之而然者，則太落實，難於指實。莫爲則虛、猶言謂宇宙萬物無使之而然者，則太落空，難於摸索。或之使，莫之爲，疑之所假，猶謂此兩說乃假設之疑問也。或使至大方十四字，應作一句讀。一曲、猶言一隅。夫、猶此也，指上文或使、莫爲、在物一曲之兩說。胡爲、猶言何有也。大方、謂大道也。此句猶謂此兩說皆就物之一隅言，而未涉及大道也。莊子以爲宇宙萬物乃由大道而自本自根，自生自化，不可謂有使之而然者，亦不可謂無使之而然者，故兩皆非之。舊注對於此節之大旨多不明晰，故特釋之

二十七、儒以詩禮發冢。（外物）

按儒、謂古代相喪禮者。以、由也，猶言依也。詩禮、謂古詩所謂「生不布施，死何含珠」之禮。發冢、謂盜墓。儒以詩禮發冢，猶謂相喪禮者依古詩所言之禮而盜墓也。此蓋諷刺之言。

二十八、荃者所以在魚，得魚而忘荃。蹄者所以在兔，得兔而忘蹄。言者所以在意，得意而忘言。（外物）

按荃爲餌魚之香草，蹄爲繫兔足之具。在、察也。此文在字、猶謂察其所在也。三而字，均宜訓爲則。釋詞云：「而、猶則也。」此文、猶謂荃者所以察魚之所在，得魚則忘荃。蹄者所以察兔之所在，得兔則忘蹄。言者所以察意之所在，得意則忘言。

二十九、舍者避席，煬者避竈。（寓言）

按舍者、謂寄宿之旅客。避席、謂讓坐臥之席位。舍者避席、謂先來旅客讓席位於後到之旅客也。煬、楊子方言云：「炙也。」玉篇云：「對火也。」今俗謂對火取暖爲炙火，即此煬字之義。盜跖篇云：「夏多積薪，冬則煬之」，亦以對火取暖爲煬。煬者避竈，謂先來旅客讓後到旅客對竈火取暖也。隆冬對竈火取暖之事，今鄉中尚有之。釋文訓煬爲炊，似不可從。

三十、不侈於後世，不靡於萬物，不暉於數度，以繩墨自矯，而備世之急。……爲之太過，已之大順。（天下篇）

按侈、奢侈也。後世，謂身後，或解爲今世，誤。靡、濫費也。暉、炫耀也。數度、謂禮樂。不侈於後世，謂節葬。不靡於萬物，謂節用。不暉於數度、謂非樂。爲之太過、謂墨子所爲者，以繩墨自矯，而備世之急，未免爲人太過也。已字、或謂爲己字之誤，尚待考。已、止也。已之、謂墨子所不爲者。順字、影宋作循，茲從世德堂本。大、當讀爲太，順當讀爲愼。易、履霜堅冰至，蓋言順也。禮記樂記、順之至也。荀子彊國、故爲人上者，不可不順也。上引諸語，皆借順爲愼，可證二字古通。或謂順與循通，費解。愼、謹也，嚴也。已之太愼，謂墨子所不爲者，生不歌，死不服，未免克己太嚴也。

三十一、不師知慮，不知前後，魏然而已矣。（天下篇）

按知慮之知字，當讀爲智。不師智慮，謂不用智慮也。不知前後，謂不知前或後也。魏字、疑當爲塊，形近而誤。下文謂「塊不失道」，可證魏字爲塊之誤。塊然兩字連用，又見於應帝王之「塊然獨以其形立。」塊然者，謂宛如土塊之無知無識也。此文、以塊然二字狀不師智慮，不知前後之氣象，正與愼子之學相合。或讀魏爲魚威切，是以魏然爲巍然，則有違愼子之旨矣。

中華哲學叢書

莊子淺說

1912

作　　者／陳啟天　著
主　　編／劉郁君
美術編輯／中華書局編輯部

出 版 者／中華書局
發 行 人／張敏君
行銷經理／王新君
地　　址／11494 台北市內湖區舊宗路二段181巷8號5樓
客服專線／02-8797-8396　　傳　真／02-8797-8909
網　　址／www.chunghwabook.wordpress.com
匯款帳號／兆豐國際商業銀行　東內湖分行
　　　　　067-09-036932　台灣中華書局股份有限公司

法律顧問／安侯法律事務所
印刷公司／百通科技股份有限公司　海瑞印刷品有限公司
製　　版／秀威資訊科技股份有限公司
出版日期／2015年7月四版
版本備註／據1986年8月三版復刻重製
定　　價／NTD 230

國家圖書館出版品預行編目（CIP）資料

莊子淺說 / 陳啟天著. -- 四版. -- 台北市 :
　中華書局, 2015.07
　　面 ; 公分. -- (中華哲學叢書)
ISBN 978-957-43-2527-6(平裝)

1.莊子 2.注釋

121.331　　　　　　104009913

NO.B0021
ISBN 978-957-43-2527-6（平裝）